Alexey Kruzer

Mapa de Piri Reis. Overstag

Alexey Kruzer

Mapa de Piri Reis. Overstag

Análise geográfica e histórica

ScienciaScripts

Imprint

Any brand names and product names mentioned in this book are subject to trademark, brand or patent protection and are trademarks or registered trademarks of their respective holders. The use of brand names, product names, common names, trade names, product descriptions etc. even without a particular marking in this work is in no way to be construed to mean that such names may be regarded as unrestricted in respect of trademark and brand protection legislation and could thus be used by anyone.

Cover image: www.ingimage.com

This book is a translation from the original published under ISBN 978-620-2-07101-7.

Publisher:
Sciencia Scripts
is a trademark of
Dodo Books Indian Ocean Ltd. and OmniScriptum S.R.L publishing group

120 High Road, East Finchley, London, N2 9ED, United Kingdom
Str. Armeneasca 28/1, office 1, Chisinau MD-2012, Republic of Moldova, Europe
Printed at: see last page
ISBN: 978-620-8-25849-8

CONTEÚDO

CAPÍTULO 1   2

CAPÍTULO 2   4

CAPÍTULO 3   58

CAPÍTULO 1

Introdução.

"Lá, na distância incomensurável, descobrindo o Sol, sob o Sol, as pessoas verão o fim da Terra e pararão antes do seu limite ... " V. A. Nazarov (tradução do russo)

Camille Flammarion. Gravura, 1888.

Desde os tempos mais remotos que o homem desejava compreender e perceber o mundo que o rodeava. O Desconhecido sempre perturbou as mentes curiosas, atraiu-as e levou-as em direção a novos horizontes. Os primeiros buscadores e descobridores seguiram os caminhos inexplorados, por vezes ao acaso, outras vezes traçando com sucesso as rotas, dobrando um certo mosaico a partir de partes díspares. Mas na maioria dos casos - avançaram, seguindo a lógica e cálculos precisos para minimizar a probabilidade de erros fatais, acidentes e perigos, que se escondem por todo o lado dentro do nosso "imperfeito" mundo perfeito.

Qualquer nova descoberta é geralmente acompanhada de dificuldades e privações, por vezes terminando muito mal, porque o seu mecanismo, tão claramente fundamentado pelos séculos, não aceita uma nova engrenagem, que ainda não teve tempo suficiente para moer as rebarbas, deixadas nos seus dentes após a perfuração! Ótimo, se o número e o passo dos seus dentes corresponderem mais ou menos ao mecanismo estereotipado bem estabelecido. Caso contrário, a conclusão é uma só: descartar, danificar, desativar...

O mesmo destino não passou ao lado de alguns dos pioneiros dos séculos XV e XVI, aquando da sua notável descoberta das até então desconhecidas novas terras, agora designadas por Américas - a do Norte e a do Sul. Foi o maior acontecimento da época. A consciência da humanidade saiu da sombra da ignorância. O pensamento científico alargou e fortaleceu o conceito do Universo. O mundo estava a mudar de forma irreprimível...

CAPÍTULO 2

Mapa de Piri Reis. Sobreaviso.

"Overstag", na tradução do neerlandês, significa "virar um veleiro", ou "dar a volta", ou seja, mudar a direção (ou virar) de um veleiro virando a proa do barco contra o vento.

Estávamos em 1929. Um fragmento de um certo mapa marítimo, desenhado em pergaminho de pele de gazela, foi encontrado no Palácio Topkapi de Istambul ("Topkapi Sarayi") (Fig. 1). Após cuidadoso estudo, foi atribuído à autoria de um notável almirante turco Hadji Muhiddin Piri Ibn Hadji Mehmed (Piri Reis), e datado pelo ano de 1513.

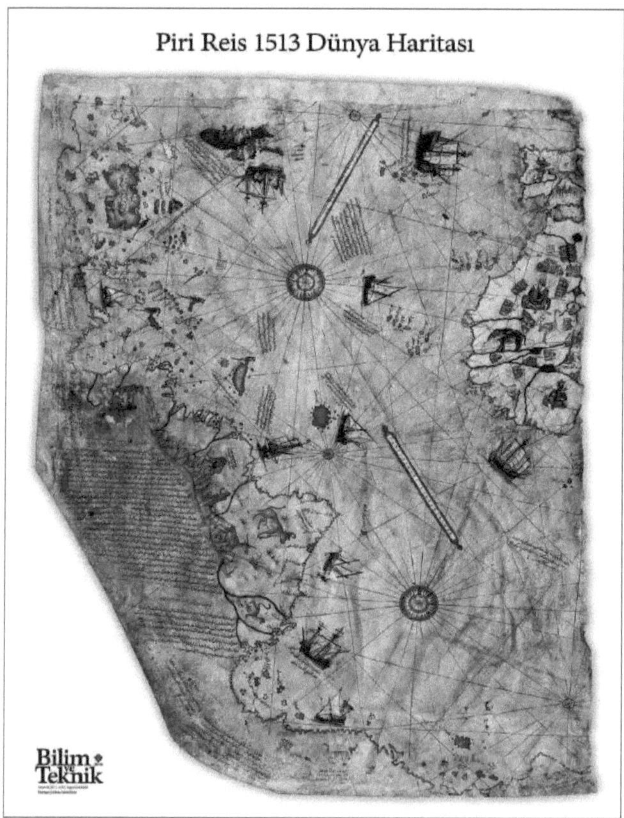

Fig. 1. Mapa de Piri Reis.

Fonte: Yusuf Akciira. Piri Reis Haritasi Hakkinda Izahname, TTK Yayinlari, Ankara 1999.

O chamado "Livro dos Mares" (Kitab-i-Bahriie), que contém mapas de navegação bem desenhados e pormenorizados das cidades e portos mais importantes do Mar Mediterrâneo, também pertence à mão do famoso almirante turco Piri Reis. Ao estudarem o mapa (Fig. 1) na década de 1930, os especialistas não lhe encontraram qualquer significado, tendo sido remetido para o esquecimento até 1956, altura em que, devido a um feliz acidente, voltou a ser observado. Tendo caído nas mãos do Capitão Arlington H. Mallery, um especialista em navegação, o mapa de Piri Reis ganhou gradualmente a sua interpretação moderna.

Uma longa e meticulosa investigação propôs uma hipótese sobre a presença no mapa (exceto nos continentes americanos) de uma parte de África e da costa da Antárctida, desprovida da sua cobertura de gelo! Esta hipótese pertencia a Charles Hapgood, que na altura era professor de história da ciência no Keene College em New Hampshire, EUA.

Segundo Charles Hapgood e os seus alunos, que demonstraram um interesse especial por estes estudos, este fenómeno era absolutamente impossível nos séculos XV-XVI. Além disso, a ciência moderna prova que a calota de gelo, de acordo com os dados científicos, está a cobrir o sexto continente, já há 6-7 mil anos! Assim, o mapa de Piri Reis deve ser compilado com base num conhecimento muito antigo, datado do período em que o gelo na Antárctida estava completamente ausente! Tudo isto é confirmado por provas e factos suficientemente fundamentados. O curso das pesquisas de Charles Hapgood e as suas conclusões estão descritos no seu sensacional livro "Maps of the Ancient Sea Kings".

No início do século XXI, aconteceu que este tema foi submetido à discussão no Fórum Internet do Projeto ISIDA (www.isida- project.org). Durante esta discussão foram surgindo, gradualmente, entre os participantes do Fórum, algumas dúvidas quanto à fiabilidade da interpretação deste mapa. O facto é que cada pessoa, em função do sistema de conhecimentos que utiliza para explicar o mundo que a rodeia, cria uma espécie de interpretação pessoal da natureza das coisas e dos fenómenos.

A frase de Charles Hapgood: "... *A minha mais profunda convicção é que o amador desempenha um papel mais importante na ciência do que geralmente se pensa"* parecia ser uma espécie de ponto de partida. Um estudo independente, iniciado de forma espontânea, conduziu, no entanto, a resultados bastante interessantes. Tudo começou com a sugestão do mestre do tema de comparar os contornos dos continentes, representados no mapa de Piri Reis, com o mapa atual. Na sua opinião, quando se olha para o famoso mapa, tem-se a impressão de uma fotografia aérea, ou de observações, feitas a partir da estação espacial orbital (Fig. 2).

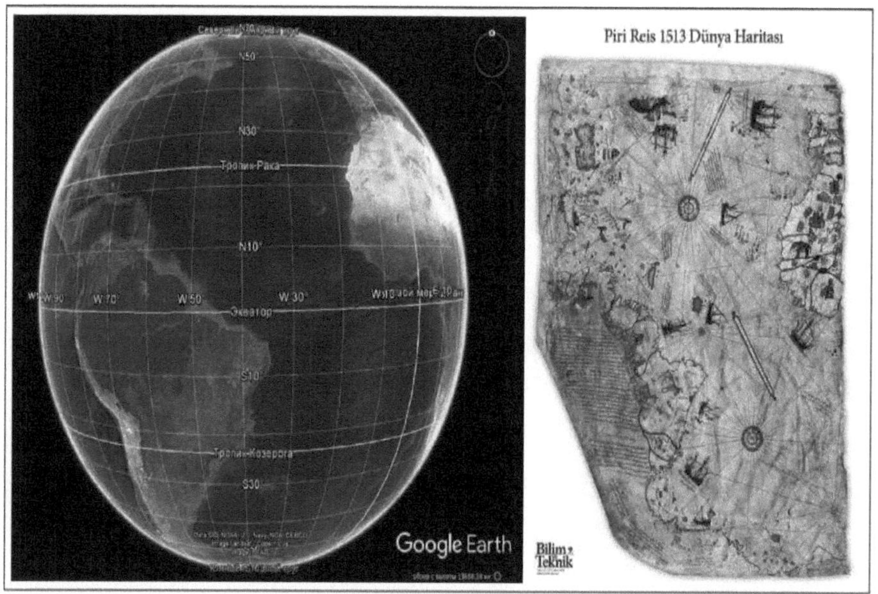

Fig.2. Comparação do mapa de Piri Reis com o mapa atual do Google Earth. (A análise comparativa dos mapas foi efectuada por Nikolai A. Filin, historiador).

Foi também notado que uma das ilhas, representada no mapa do famoso almirante turco, é bastante semelhante na sua forma e localização às ilhas do grupo das Bermudas, nomeadamente, aos contornos do planalto subaquático, que foi supostamente identificado pelo autor da ideia com a hipotética Atlântida (Fig. 3). E, como veremos de seguida, algumas semelhanças são bem visíveis:

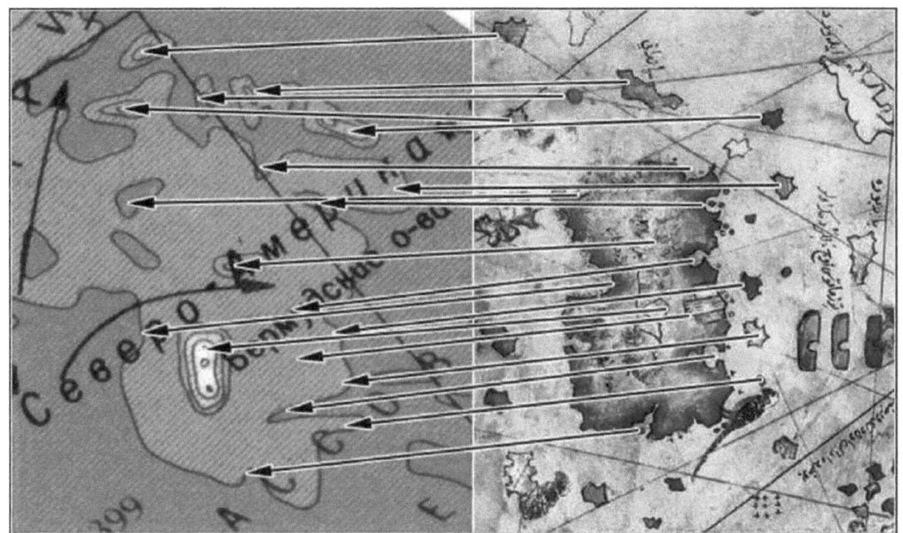

Fig.3. Ilhas Bermudas. Ou... Atlântida?
(A análise comparativa dos mapas foi efectuada por Nikolai A. Filin, historiador).

Os pensamentos loucos sobre invasões extraterrestres e "humanóides verdes" estão a surgir involuntariamente na nossa mente. Mas não vamos tirar conclusões precipitadas.

Afinal, nem tudo é claro com o nível das águas do oceano naquela área. Acontece que, na altura da criação deste mapa, Piri Reis conhecia muito melhor do que os seus contemporâneos as linhas de costa ultramarinas. Ao mesmo tempo, o período do mapeamento coincide com o início da Era dos Grandes Descobrimentos Geográficos, e ele próprio parece ser o resultado desse importante período. Por outras palavras, até ao ano de 1513, altura em que o mapa foi desenhado, a maior parte das costas e algumas das ilhas, situadas na parte ocidental do Oceano Atlântico, já tinham sido descobertas, recenseadas e cartografadas. Então, porque é que nenhum dos viajantes nunca atracou, por exemplo, naquela grande ilha, representada no mapa de Piri Reis, identificada com as Bermudas, e não a descobriu? A razão é simples e natural - a profundidade nessa região do mar é demasiado grande para a atracação. Segundo os opositores, a profundidade deste planalto submarino, que mantém a forma da ilha no mapa antigo, é de cerca de 4000 metros. Se esta ilha, por exemplo, fosse apenas fruto da imaginação do almirante turco, então como é que ele poderia saber da existência deste planalto submarino? E se realmente existiu, não poderia ser essa mesma Atlântida de Platão? Além disso, é muito adequada à descrição feita por Platão.

Vejamos o que nos dá toda esta informação. Vamos supor que o volume de água oceânica do mundo nos tempos antigos existia numa quantidade tão miserável, que o planalto de águas profundas da região das Bermudas se elevava acima da superfície da água e parecia ser a hipotética Atlântida, descrita por Platão. Assim, a mesma hipótese deve ter em conta a presença das seguintes áreas de terra acima da superfície do oceano:

1. A Crista do Atlântico Sul - uma parte da Crista Média-Atlântica submarina no Oceano Atlântico, que se estende desde a Falha da Cadeia (perto do Equador) até $55°$ S num comprimento de cerca de 6500 km. A profundidade acima da crista varia de 84 a 3400 m;

2. A Crista do Atlântico Norte é uma parte da Crista Média Atlântica submarina no Oceano Atlântico com um comprimento de cerca de 8200 km e uma largura até 1500 km, dissecada por numerosas falhas. A profundidade mais pequena acima da crista é de 128 m, e alguns picos elevam-se acima da superfície da água, formando, por exemplo, as Ilhas dos Açores.

E isto é apenas um mínimo de tudo o que, em teoria, deveria aparecer acima da superfície do oceano, juntamente com o planalto submarino das Bermudas. Seguindo esta lógica, verifica-se que a Crista Média Atlântica também deveria aparecer no mapa de Piri Reis, mas está ausente, assim como a parte subaquática das Ilhas Falkland (Malvinas) - um arquipélago no sudoeste do Oceano Atlântico, localizado a 483 km da costa da América do Sul e a 1.080 km do território britânico da Geórgia do Sul e das Ilhas Sandwich. Pela mesma razão, esta área é suposto estar à superfície juntamente com as restantes descritas acima. Os contornos da sua parte submarina moderna (a região das Ilhas Falkland) são mais adequados para a parte sul do mapa de Piri Reis, do que a suposta costa da Antárctida (Queen Maud Land), de acordo com a teoria de Arlington Mallery e Charles Hapgood.

É preciso ter em conta que a descida do nível do oceano não pode ter acontecido durante um par de milénios e ter passado despercebida. De qualquer modo, a informação sobre tal acontecimento deveria ter sido definitivamente preservada na memória da Humanidade. E essa informação existe, mas é ainda mais antiga - a informação sobre o Grande Dilúvio. Mas não é totalmente claro de onde veio tal quantidade de água, que encheu a bacia do Oceano Mundial, e que tipo de poder causou esta catástrofe em grande escala. No entanto, a informação sobre tal catástrofe, coroada com o fator água, está presente nas lendas de quase todos os povos do Mundo. A questão é: o que é que Piri Reis, que viveu na viragem dos séculos XV-XVI d.C., tem a ver com isso, enquanto o Grande Dilúvio, segundo algumas estimativas, remonta aos anos 10-12 mil? A resposta é: absolutamente nada! De acordo com a opinião do Professor Charles Hapgood, o próprio Almirante é indiretamente "culpado" neste caso, porque, supostamente, foi ele que recebeu esta informação geográfica sob a forma de uma descrição, ou sob a forma de um esquema, através do qual esboçou os contornos dos continentes e ilhas, criando assim o seu próprio mapa do Mundo, cuja parte temos a sorte de ver hoje em dia. Mas como os continentes e ilhas estão representados como se fossem vistos antes da subida do nível das águas do Mundo, então o mapa original deve ser muito mais antigo do que o Grande Dilúvio. Deve ser datado do período pré-diluviano e, consequentemente, deve ter sido criado pela mão de uma civilização altamente desenvolvida, que nada tinha em comum com os Neandertais. Verificou-se que os trabalhos de vários investigadores provam a existência de uma civilização altamente desenvolvida no passado antigo, sendo confirmada pelos factos. A julgar por esta posição - não há nada de estranho com o famoso mapa de Piri Reis. Além disso, tudo é suficientemente claro e transparente. No entanto, na nossa opinião, todo o problema aqui está escondido por detrás da correção da disposição dos acentos e da verdade da interpretação dada, que tem algum grau de parcialidade, ou é velada pelos estereótipos do seu tempo.

Alguns momentos, que causam dúvidas e provocam a alma, continuam a existir. Um desses momentos é a coincidência de alguns acontecimentos históricos de um passado muito recente, que estiveram ligados à formação da interpretação do mapa. Nomeadamente - a ansiedade com o sexto continente no quadro do problema da posse do território.

É sabido que a Antárctida foi oficialmente descoberta em 16 de janeiro (28) de

1820 pela expedição russa, chefiada pelo Almirante Faddey Bellingshausen e pelo Almirante Mikhail Lazarev. Este acontecimento é, de facto, equivalente à descoberta da América por Colombo, com todas as consequências que se lhe seguiram.

Recordemos que A. Mallery fez a sua suposição depois de um certo oficial da marinha turca ter oferecido um mapa de Piri Reis ao Naval Oceanographic Office (EUA) em 1956. O próprio facto da chegada deste oficial aos Estados Unidos é um acontecimento bastante oportuno à luz do reforço das relações militares e económicas turco-americanas. A propósito, o protocolo de admissão da Turquia na NATO, assinado em Londres em 17 de outubro de 1951, é um facto histórico bem conhecido. A Turquia, pretendendo ser um "bastião contra a penetração do comunismo no Médio Oriente", assegurou para si o afluxo de créditos militares americanos. O recomeço do "interesse" pelo mapa de Piri Reis, que irrompeu nesta base após 25 anos de silêncio, não é provavelmente uma simples coincidência. Naquela época, a União Soviética era um poderoso Estado comunista - um adversário ideológico dos países capitalistas. Por conseguinte, como resultado do confronto, foram feitas várias tentativas para minar o seu prestígio e significado na arena mundial. Afinal, a simples prova de que o mapa turco mostra a Antárctida na parte sul, retira o significado da descoberta deste continente pelos exploradores russos. E esta circunstância poderia ou, talvez, possa desempenhar o seu papel na "divisão" do sexto continente entre os países-candidatos.

De acordo com a Convenção sobre a Antárctida, assinada em 1 de dezembro de 1959 e que entrou em vigor em 23 de junho de 1961, a celeuma em torno desta "divisão" diminuiu um pouco. No entanto, a existência da Convenção não negou o facto de os Estados que a ela aderiram não terem deixado de reivindicar o sexto continente e os seus arredores. Pelo contrário, todos estes problemas continuam a ser uma forte dor de cabeça para a humanidade. E os argumentos dos principais contendores pelos territórios da Antárctida, que são os Estados Unidos e a Rússia, que estão a varrer completamente as reivindicações de outros países, bem como entre si, ainda permanecem numa condição suspensa. A partir desta posição, o mapa de Piri Reis - é a mais pura insinuação, uma bomba-relógio, colocada sob a história da descoberta da Antárctida. Portanto - a guerra continua, mas a arma neste campo de batalha é a desinformação, baseada em factos acidentais, mas já firmemente enraizados ou deliberadamente distorcidos.

No entanto, a política e as suposições irracionais são argumentos bastante frágeis. Pode-se falar muito e alto, acenando vigorosamente com as mãos, o que só dará razão aos adversários para se comportarem de forma semelhante. O resultado será um barulho estrondoso que, na confusão e no alarido, apenas abafará a verdadeira solução do puzzle. Por isso, procurou-se analisar este problema sem qualquer preconceito, utilizando apenas argumentos e factos puros que não podem ser negados ou ocultados.

Então, o que temos. Além de desenhar os continentes e as áreas de água, as imagens de vários personagens e objetos também estavam representadas em todo o mapa antigo. Partindo do facto de Piri Reis, devido às circunstâncias da época (políticas e técnicas), não ter podido navegar até às costas da América do Sul e do facto de ter utilizado muitas fontes diferentes ao criar o seu mapa, podemos supor que todas estas personagens foram redesenhadas a partir de um determinado mapa anterior. Mas que tipo de mapa era esse e qual era a fonte de informação? Segundo Charles Hapgood, a exatidão da localização dos continentes no mapa, relativamente à longitude e à latitude, sugere que foram utilizados métodos de navegação quase modernos. De onde vem esta precisão na Idade Média? E quem podia observar todos estes animais e pessoas estranhas enquanto viajava?

Tentaremos responder a esta questão através de uma abordagem complexa. Comecemos pelo estudo das personagens representadas no mapa de Piri Reis.

Ao estudar o mapa, verificamos que algumas ilhas são habitadas por papagaios. Em primeiro lugar, para desenhar as aves que habitam as ilhas, é necessário saber se essas aves existem de facto. Isto pode ser possível apenas visitando uma determinada ilha ou obtendo a informação de uma fonte fiável. Por outras palavras, basta saber que determinadas aves existem num determinado local do mundo. Caso contrário, representá-las de forma arbitrária - é um trabalho absolutamente inútil.

Se bem que, seguindo os factos da história e considerando este mapa como um presente para o Sultão, é natural concordar com todos estes desenhos, feitos pelo seu autor, que desejava dar à sua obra uma espécie de esplendor de vida e de mistério. Mas voltemos às personagens propriamente ditas. Assim, a julgar pelo aspeto e pela cor, as aves do mapa são periquitos de pescoço anelado, cujo habitat é o Sudeste Asiático. Esclareçamos que os papagaios representados têm um bico vermelho (Fig.4).

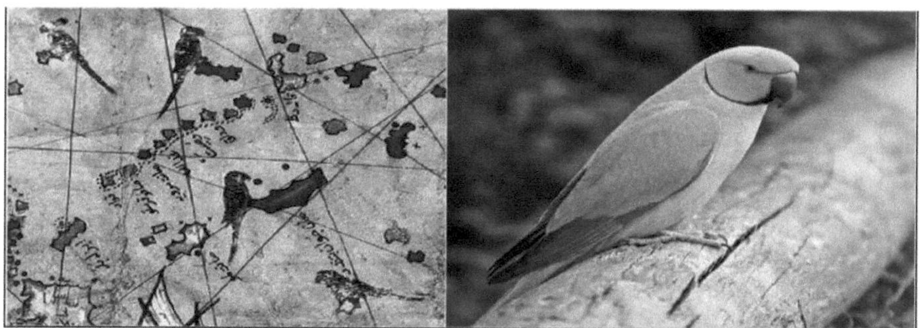

Fig.4. Papagaios do mapa de Piri Reis e periquito-de-pescoço-anelado *(Psittacula krameri)*.

É perfeitamente concebível que possa haver um erro ou uma imprecisão, porque, provavelmente, o Almirante não se preocupou muito com estes pequenos pormenores ao desenhar as caraterísticas geográficas das terras.

Vamos mais longe. Bois de um só casco. À primeira vista - uma analogia direta com o rinoceronte (Fig. 5).

Fig.5. Bois de uma só caçada do mapa de Piri Reis e rinoceronte indiano *(Rhinoceros unicornis)*.

Um rinoceronte assim só pode ser desenhado com base na descrição verbal de alguém, quando um artista apenas eliminou um corno da cabeça de um touro comum de dois cascos. Afinal de contas, toda a gente sabe que o corno de um rinoceronte nunca se encontra entre as orelhas. Tal como o papagaio acima descrito, o rinoceronte de um só casco habita no Sudeste Asiático! Trata-se de um rinoceronte indiano. No seu tempo, estava espalhado por todo o Sul e Sudeste Asiático e, num passado não muito distante, era comum no Sul da China e no Irão Oriental. Note-se que o rinoceronte também pode ser encontrado na América do Sul. No entanto, o rinoceronte sul-americano tem dois cascos, o que o difere do indiano. Mais um "erro" do Almirante ao desenhar o seu mapa? Talvez - ninguém é perfeito.

Já agora, há outro candidato ao papel de "suspeito", que se chama elasmotherium. No entanto, de acordo com algumas estimativas, este animal viveu há cerca de 12 mil anos. E este facto coincide perfeitamente com a suposição de Charles Hapgood, relativa a um certo mapa muito antigo e à época pré-diluviana! E ao mesmo tempo - destrói completamente esta teoria. O Elasmotherium é originário do Pleistoceno Inicial e Médio das regiões da Ucrânia, Volga e Trans-Volga, Cis-Ural, Uzbequistão, Sibéria, Cazaquistão e China e parece ser um
parte da fauna Khazar que existia na época da glaciação máxima, e nunca foi encontrada nas duas Américas sob a forma de fóssil (Fig. 6).

Fig.6. Elasmotherium (reconstrução) e a imagem do touro de um só casco de Mohenjo-Daro.

Um pormenor interessante - por alguma razão a datação por radiocarbono do elasmotherium é desconhecida, ou talvez nunca tenha sido feita.

Em alternativa, pode-se ainda tentar relacionar o elasmotherium realmente existente com o mítico unicórnio, cujas imagens mais antigas se encontram nos monumentos culturais do 2º milénio a.C., associados à Índia Antiga. Assim, estando representado sob a forma de um touro unicórnio, pode ser encontrado nos selos das antigas cidades do Vale do Indo, como Mohenjo-Daro e Harappa, representando uma das imagens mais sagradas da época. O aparecimento de um unicórnio na mitologia do Médio Oriente é geralmente associado à influência da tradição indiana posterior, que posteriormente migrou para a Europa antiga. Este facto é também confirmado pelos "monstros" de Ctésias de Cnido (440-380 a.C.), cujas descrições chegaram até nós através das obras de Eliano, Aristóteles e Plínio, o Velho, que relacionaram a origem dos unicórnios com a Índia.

A próxima personagem do mapa é um homem com uma cabeça em vez de um corpo - uma "personalidade" bastante notável (Fig. 7).

Fig.7. Um homem estranho do mapa de Piri Reis e Veddas barbudos da Índia.

A primeira coisa que nos vem imediatamente à cabeça é uma espécie de fakirventriloquist. Um ramo de erva na mão direita permite-nos supor que se trata de um curandeiro-herbalista ou de um mágico.

A origem do conceito de "faquir-mágico-ventríloquo" está diretamente ligada à Índia. Referindo-nos à região em estudo, a barba é também um atributo dos mesmos indianos e Veddas.

Em contraste com este personagem, há outro personagem barbudo, mais famoso no continente sul-americano da era pré-colombiana. O seu nome é Viracocha. Mas mesmo os índios americanos nunca o retrataram com uma aparência tão estranha. A propósito, a população da América do Sul tem um pequeno problema com a barba - ela não quer crescer! Então o que é que se passa com tudo isto? Um pequeno traço para o esclarecimento desta questão pode ser acrescentado pela seguinte imagem do "lubok russo", encontrado pelo rei Alexandre o Grande (Fig.8):

Fig.8. "Povo Diviya, encontrado pelo rei Alexandre, o Grande". Lubok russo. Reprodução

De acordo com as antigas lendas russas e descrições cosmográficas, o povo Diviya são os monstros habitantes de algumas terras de fadas distantes, principalmente da Índia. Entre eles encontram-se: pessoas com várias cabeças, pessoas com uma cara no peito, pessoas com cabeças e pernas de pássaro, pessoas aladas, pessoas subaquáticas e muitas outras criaturas impossíveis. As histórias sobre o povo Diviya estão relacionadas quer com as histórias sobre as campanhas de Alexandre, o Grande, quer com as histórias sobre o Estado do rei indiano e do sacerdote João ("The Tale of the Indian Kingdom", século XV). O povo Diviya representava os infiéis, os "impuros". Os mais perigosos, segundo as lendas, foram aprisionados nas falésias pelo rei Alexandre, o Grande. Foi-lhes atribuído um papel importante, durante a vinda de acontecimentos na véspera do Fim do Mundo, quando supostamente deveriam recuperar a sua liberdade.

Alexandre, o Grande, era o estudioso de Aristóteles. Lutou na Ásia e na Índia e nunca esteve nas Américas, aliás, não havia a menor informação sobre a existência desses continentes naqueles tempos longínquos. O facto é que das campanhas militares de Alexandre, o Grande, os seus guerreiros trouxeram aves maravilhosas com bicos vermelhos. Estas aves conseguiam repetir a fala humana e, por isso, ganharam grande popularidade entre os nobres. As aves falantes de bico vermelho são papagaios já conhecidos da Ásia - os periquitos de pescoço anelado. Tendo sido educado com base nos conhecimentos de Aristóteles, Alexandre tinha, desde a sua juventude, uma boa ideia sobre as terras situadas nos limites orientais. O próprio Aristóteles utilizou as informações de Ctésias de Cnidius, cujos manuscritos originais se perderam no tempo, mas algumas evidências do seu conteúdo podem ser encontradas nas obras de académicos e filósofos de diferentes épocas e povos. Por exemplo, o livro "Indica" de Ctesias, recontado pelo Patriarca Photios, contém informações suficientes e pormenorizadas sobre este tema. As descrições geográficas das terras indianas, feitas por Heródoto, também mencionam os mesmos personagens estranhos. A mesma personagem, com uma cabeça em vez do corpo, está representada no mapa de Juan de la Cosa (Fig. 9), o que nos dá uma razão direta para julgar sobre uma fonte comum de informação, usada pelos antigos cartógrafos, durante a descrição dos limites orientais.

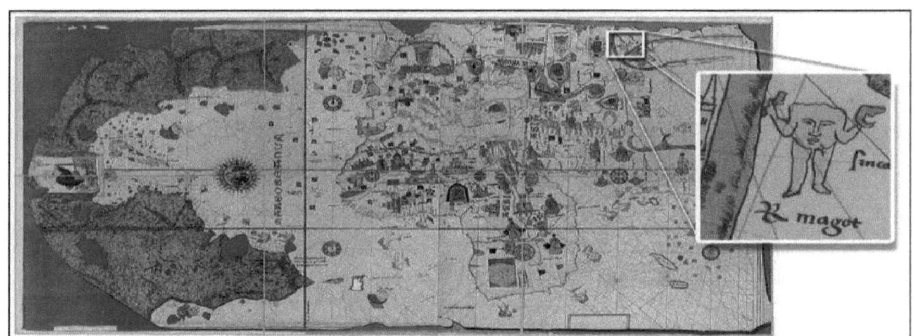

Fig.9. Homem estranho. Mapa de Juan de la Cosa. 1500.

Continuemos a considerar as personagens. À direita do homem estranho, vemos um macaco que come calmamente uma espécie de fruto. É um facto bem conhecido que o macaco é um animal sagrado na Índia. A adoração dos macacos na Índia enfraqueceu gradualmente a cautela natural destes animais em relação às pessoas, de modo que não há nada de surpreendente numa vizinhança tão próxima (Fig. 10).

Fig.10. Homem estranho e um macaco do mapa de Piri Reis.

Consideremos agora um animal com uma longa cauda e chifres. As afirmações de alguns investigadores de que este animal é o lama sul-americano são bastante insustentáveis, devido à completa incompatibilidade entre o original e a descrição dada. Em primeiro lugar, os lamas sul-americanos não têm cornos. Em segundo lugar, o comprimento da cauda do animal, representado no mapa de Piri Reis, não coincide com o da vicunha ou da alpaca. Com alguma segurança, podemos admitir que a imagem do mapa é fictícia e não pertence ao nosso Mundo. Então, porque é que o autor do mapa o desenhou assim? Qual foi o objetivo? Afinal, as imagens dos mapas devem ser portadoras de informação, de um subtexto semântico e de esclarecimento, explicando e descrevendo as caraterísticas do terreno, onde a sua fauna desempenha um papel muito importante, ligado, por exemplo, à alimentação. No entanto, o animal com as caraterísticas muito semelhantes à imagem do animal do mapa - existe de facto. Este animal é uma ovelha de cauda longa e gorda (Fig. 11).

Fig.11. Animal desconhecido do mapa de Piri Reis e uma ovelha de cauda longa.

A gordura, que se acumula na cauda da ovelha, faz com que esta aumente de tamanho, pelo que a ovelha a arrasta atrás de si pelo chão. Para proteger essa cauda de danos, alguns pastores fizeram carrinhos especiais (Fig. 11). Mas, mais frequentemente, estas caudas eram simplesmente cortadas. A menção a este tipo de ovelha encontra-se na descrição feita por Ctesia de Cnido: *"As ovelhas e cabras da Índia são bastante maiores do que os burros. Basicamente, dão à luz quatro ou seis crias de cada vez. Têm caudas compridas; por isso, as caudas das fêmeas são cortadas para que possam reproduzir-se."*

Ou segundo Constantino Porphyrogenitus:

"O gado dos índios é constituído por cabras, que são um pouco maiores do que os maiores burros. E, normalmente, cada ovelha ou cabra dá à luz até seis crias; nem uma ovelha nem uma cabra dão à luz menos de três; a maior parte delas dá quatro. Tanto as ovelhas como as cabras têm caudas largas e compridas, que tocam no chão; algumas delas arrastam as caudas pelo chão; as suas caudas têm cerca de um côvado de largura. As caudas das ovelhas reprodutoras devem ser cortadas, porque se não forem cortadas, elas não poderão mover-se. A gordura de cada cauda pesa cerca de dez minas, e a cauda mais pequena pesa cinco minas. O óleo, feito a partir desta gordura, é utilizado para a alimentação. Normalmente, depois de cortar a cauda do carneiro, retiram-se três minas ou, por vezes, quatro; depois de a coser, a cauda volta a ficar saudável. Se não se fizer isto, a ovelha não poderá usar a cauda. Isto deve ser feito todos os anos, porque a gordura volta a crescer e a cauda fica como era antes."

A história da criação de ovinos tem as suas raízes na Ásia e no Egito. As ovelhas no Novo Mundo apareceram graças aos espanhóis e aos portugueses, que as trouxeram das suas viagens às terras descobertas. Mas tudo isto aconteceu um pouco mais tarde do que os acontecimentos que estamos a considerar. Gradualmente, as ovelhas empurraram os representantes sul-americanos dos camelídeos - as lhamas, que já eram bem domesticadas pela população local.

Duas espécies de lhamas selvagens - a vicunha (Vicuna-Vicugnavicugna) e o guanaco (Lamaguanicoe) - distribuíam-se por toda a região montanhosa. Nos tempos antigos, os índios caçavam-nas para obter carne e lã. O guanaco podia ser encontrado não só nas montanhas, mas também no planalto patagónico e na Pampa. Atualmente, as lhamas selvagens são muito raras. Os índios dos Andes estão a criar duas espécies domésticas de lamas - a lama e a alpaca. As lhamas são animais grandes e fortes. São utilizados como animais de carga em estradas de montanha de difícil acesso, o seu leite e carne são utilizados para alimentação e a lã para tecidos grosseiros. A alpaca (Lamapacos) é criada apenas pela sua lã macia.

Fig.ll. Alpaca, vicunha, guanaco.

Como podemos ver, a imagem no mapa não tem nada de semelhante com as lhamas da América do Sul. Mais um erro de Piri Reis?

O reconhecimento da imagem da serpente, representada no mapa, será simples e breve. As cobras são habitadas tanto no Sudeste Asiático como na América do Sul. É claro que se pode pensar numa cobra e tirar uma conclusão a favor da Índia, porque, por exemplo, não há cobras na América do Sul, nem mesmo nos fósseis. Além disso, a informação sobre quaisquer cobras, encontrada em "Antarctica" de Charles Hapgood e Arlington Mallery, está completamente ausente. Talvez tal analogia com a cobra possa ser facilmente considerada como falsificação de factos, e o leitor poderá condenar o autor por preconceito. Por isso, prestemos atenção apenas a uma semelhança geral (Fig. 13). De um certo ponto de vista, a serpente do mapa pode também parecer uma anaconda ou uma jiboia. Infelizmente, a imagem está muito mal conservada e a sua identificação parece ser bastante problemática. Note-se que, depois de visitar Karazhan (atualmente a província de Yunnan), Marco Polo falou de "cobras enormes" que habitavam este país.

Fig.13. Serpente do mapa de Piri Reis e cobra.

Cynocephali, povo com cabeça de cão ou shakal ou cabeça de lobo... Contos e lendas sobre o povo com cabeça de cão podem ser encontrados em escritores antigos como: Hesíodo, Heródoto, Ctésias, Megástenes, Plínio, o Velho. Segundo eles, os Cynocephali viveram na Índia, na Líbia, na Etiópia e na Cítia.

A nova personagem do mapa não é menos estranha do que as outras. É possível que esta criatura seja da família dos gatos, mas ao mesmo tempo tem uma cabeça de cão (Fig. 14). O que é que ele nos pode dizer?

Fig.14. Um cão (ou um lobo) e um macaco do mapa de Piri Reis e a miniatura "Cynocephali" do livro de Marco Polo "Le Livre des Mervilles".

O cão é o primeiro companheiro humano no seu desenvolvimento evolutivo. Os antigos caçadores domesticaram os cães ou os antigos cães "domesticaram" as pessoas - esta é ainda a questão mais controversa. É um facto inegável que, desde os tempos antigos, o homem utilizava o cão para caçar um animal mais forte ou mais rápido. Nesta altura, o leitor perguntará - bem, e o que é que a imagem do mapa tem a ver com tudo isto? Porque é que o autor identificou um caçador de cães com um "mutante" desconhecido?

A resposta será bastante simples. Um "mutante" desconhecido do mapa de Piri

Reis é uma chita (Fig. 15). Ela é identificada com um cão-caçador pela simples razão de que foi usada por um homem para o mesmo fim que um cão. A chita é o único felino que alcança a presa numa corrida rápida, perseguindo-a como um cão galgo. Ao ultrapassar a vítima, a chita bate-lhe com as patas dianteiras, mordendo-a imediatamente pela garganta. A energia cinética, transportada pelo corpo da fera que corre a uma velocidade de cerca de 1.200 km/h, derruba animais bastante maiores e mais pesados do que a própria chita. A caça com a ajuda de uma chita domesticada tinha vantagens inegáveis. De acordo com alguns dados históricos, os antigos sumérios utilizavam chitas domesticadas para caçar há cerca de 5 mil anos. As chitas domesticadas também eram conhecidas no Egito no século XVI a.C. De acordo com as descrições feitas por Marco Polo, as chitas domesticadas viviam na corte de Kublai Khan no século XIII d.C. Além disso, Marco Polo observou com os seus próprios olhos cerca de mil animais domesticados, como escreveu nas suas memórias. Em alguns países, por exemplo, em Marrocos, na Etiópia e, sobretudo, na Índia, ainda se caça com chitas.

Fig.15. Animal desconhecido do mapa de Piri Reis e chita.

Alguém dirá que tudo isto é um disparate. Afinal, a chita é malhada! No entanto, é sabido que as crias, após três meses de gestação, não têm manchas. E não se tornam manchadas ao longo da vida. Devido a certas leis do atavismo, mesmo os animais sem manchas e sem riscas (leões, pumas, antas, javalis), podem dar à luz crias malhadas.

A próxima personagem do mapa - é uma criatura misteriosa à primeira vista. A sua imagem foi muito mal preservada e as suas formas são difíceis de adivinhar. A única coisa que podemos ver claramente são os seis cornos na sua cabeça. Um verdadeiro misticismo, não é? No entanto, o misticismo dissolve-se facilmente quando comparamos a imagem da criatura do mapa com um animal bem conhecido que existe há muitos séculos no mundo real. O alce! Muito provavelmente, foi este mesmo animal que serviu de protótipo ao misterioso monstro do mapa de Piri Reis (Fig. 16).

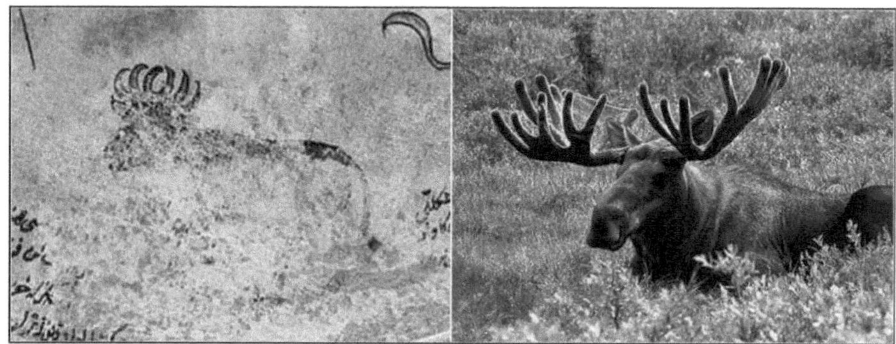

Fig. 16. Criatura misteriosa do mapa de Piri Reis e alce.

O último grupo de personagens na parte norte do mapa pode ser interpretado de diferentes formas. Pode tratar-se da representação da viagem de São Brandão, por ele empreendida por volta de 530 d.C. Deve ter-se em conta que, de acordo com a lenda, este santo encontrou um monstro marinho que, inicialmente, lhe pareceu uma ilha, que mergulhou no abismo, assim que o viajante pisou este pedaço de terra. Esta interpretação ecoa com as aventuras de Sinbad, o Marinheiro, e a baleia-peixe dos contos árabes, que também poderia ser usada por Piri Reis (Fig. 17). As pessoas no navio fazem lembrar os monges, vestidos com túnicas com capuzes pontiagudos. Esta versão é mais aceitável, pois a ilha de São Brandão está representada no mapa de Martin Behaim. No entanto, a inscrição existente no mapa de Piri Reis (segundo os autores do início do século XX) remete-nos para o padre franciscano de Oxford, que navegou para o Extremo Norte em 1360 d.C.. De acordo com uma das versões, seu nome é Nicholas of Lynn, caso contrário - Minorite Hugo da Irlanda. Os louros do campeonato perderam-se ao longo dos séculos. No entanto, a existência real de tal pessoa foi mencionada por Gerard Mercator no seu "Atlas Minor", publicado em Amesterdão em 1606, que se refere a um monge-matemático de Oxford, que sabia utilizar o astrolábio e navegou até ao Atlântico, o que, posteriormente, foi descrito na sua obra geográfica "Invento Fortunata", que infelizmente se perdeu. Também é possível determinar estes "monges" com uma interpretação diferente, por exemplo, como vikings em

capacetes pontiagudos. Recorde-se que a viagem de Leif Errickson a Winland ocorreu por volta do ano 1000 d.C. A principal fonte de informação sobre as viagens dos vikings até às costas da América do Norte encontra-se em duas sagas islandesas: "A Saga de Erik, o Vermelho" (EirikssagarauSa) e "A Saga dos Gronelandeses" (Groenlendingasaga).

Um ângulo de visão ligeiramente diferente leva-nos a John Cabot (Giovanni Cabotto), um navegador italiano ao serviço da corte inglesa. Em 1496, tendo partido no único navio de Bristol para Ocidente, atravessou o Atlântico e, um mês depois, desembarcou na ponta norte da ilha da Terra Nova. Passando um pouco mais para sul, Cabot descobriu os enormes cardumes de bacalhau e arenque. Esta zona do oceano foi mais tarde designada por Grand Banks of Newfoundland. Aqui, vamos centrar a nossa atenção no bacalhau (Fig. 17) e observar que pode atingir tamanhos bastante grandes: o peixe comercial habitual tem 40 a 80 cm de comprimento, mas, por vezes, pode atingir 150 a 180 cm de comprimento e mais de 40 kg de peso. As principais zonas de desova situam-se no Westfjord, perto das ilhas Lofoten, no noroeste da Noruega. É por isso que este bacalhau é frequentemente designado por *bacalhau de Lofoten*. Esta descoberta trouxe mais lucros para a Inglaterra do que o ouro da América do Sul para Espanha. Por conseguinte, podemos efetuar uma analogia ousada entre duas pessoas e um peixe com o bacalhau do Atlântico e os marinheiros ingleses. Além disso, podem ser facilmente identificados pelas suas roupas (Fig. 17). De referir ainda que o peixe do mapa tem a mesma cor e manchas que o bacalhau. Os ingleses começaram a acreditar que, ao regressar da sua primeira viagem, Cabot tinha descoberto o caminho ocidental para as terras da China. Durante a sua segunda viagem, em 1498, John Cabot explorou e cartografou a costa sudoeste da América do Norte. Este é um ponto muito importante na nossa investigação, porque nessa altura os espanhóis não descobriram quaisquer terras, localizadas a norte de Cuba, considerando Cuba como uma parte da

Ásia. Mas, ao mesmo tempo, a costa sudoeste da América do Norte já pode ser vista claramente no mapa, criado em 1500 por Juan de la Cosa. Este mapa tem a inscrição, indicando a referida área do mar, que foi descoberta pelos ingleses.

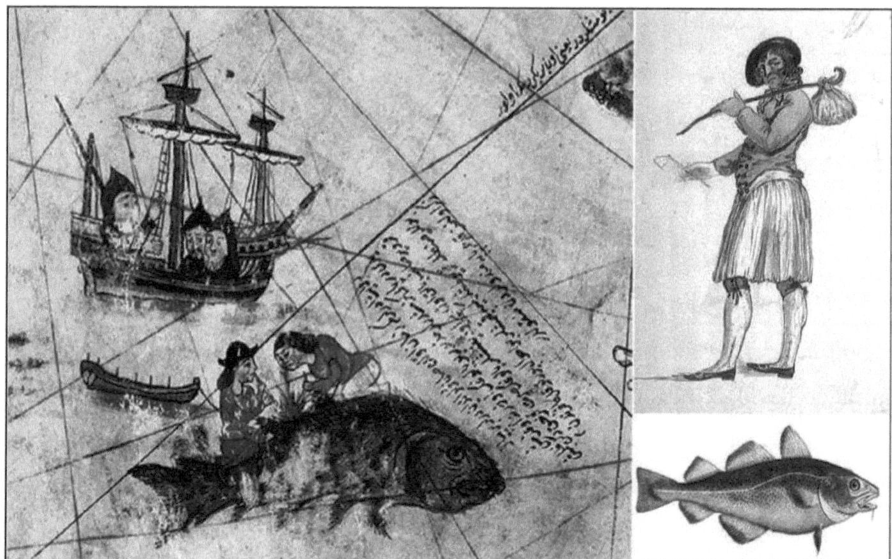

Fig.17. Gente no barco e gente no peixe do mapa de Piri Reis; marinheiro inglês séc. XVH-XVIII; bacalhau do Atlântico.

Aqui podemos perfeitamente traçar o entrelaçamento de várias fontes de informação, representadas no mapa de Piri Reis: a viagem de São Brandão, um minorita de Oxford, os Vikings e os Grand Banks da Terra Nova. O velho e o novo estão unidos pelas águas setentrionais do Atlântico, que já eram conhecidas dos europeus na altura em que o mapa foi criado.

Consideremos agora outra personagem do mapa de Piri Reis, representada no continente africano. Este continente estava mais próximo dos focos da civilização medieval da Eurásia e, por isso, havia muito mais informação sobre ele durante os séculos XV-XVI do que sobre as Américas. Sem entrar em demasiados pormenores, recordemos que a costa de África foi explorada pela primeira vez pelos antigos fenícios, que, segundo alguns relatos, circundaram este continente já no final do século VII a.C. Depois dos fenícios, a história evidencia a expedição naval da mulher-faraó egípcia Hatshepsut, empreendida na primeira metade de
no século XV a.C. A sua rota passava pelo Mar Vermelho - até ao país de Punt, situado

na África Oriental. Em seguida, o cartaginês Hannon deslocou a sua flotilha ao longo da costa ocidental e aí estabeleceu povoações e colónias. Durante a Era dos Grandes Descobrimentos Geográficos, Bartolomeu Dias, que alcançou o Cabo da Boa Esperança em 1488, acrescentou alguns conhecimentos sobre África. Seguiu-se-lhe Vasco da Gama, que navegou pela nova rota oriental para a Índia em 1497-1498. É um facto importante que o timoneiro de Vasco da Gama era um notável navegador árabe - Ahmed ibn Majid, que já tinha navegado com Dias até ao Cabo da Boa Esperança. Ibn Majid possuía um vasto conhecimento do mar, tanto teórico como prático. Utilizou os conhecimentos e a rica experiência dos seus antecessores, que desde tempos imemoriais navegavam no mar desde Zanzibar e Madagáscar até Taiwan e zonas remotas da Indonésia. Expôs os seus conhecimentos em mais de 40 obras e dois livros: "Coleção dos Resultados dos Principais Princípios do Conhecimento dos Mares" (1462) e "Livro de Usos sobre as Bases e Regras da Ciência Marinha" (1490). A tudo isto juntam-se as actividades de Pero da Covilha, enviado pelo rei D. João II de Portugal, com o objetivo de estudar os países orientais. Estabeleceu-se na Etiópia depois de ter visitado a Índia e de ter fornecido à Corte portuguesa valiosas informações económicas e geográficas, recebidas de mercadores e marinheiros árabes. Acontece que, até ao momento da elaboração do mapa de Piri Reis, apenas a parte central do continente africano permanecia pouco explorada. Esta foi apenas parcialmente estudada pelo viajante árabe Ibn Batuta no século XIV. A costa de África era habitada por nativos e por vários colonos, que nessa altura já eram bem conhecidos na Europa (Fig. 18).

Fig.18. Negro, Árabe, Mongol (Chinês) do mapa de Piri Reis.

Os mouros são os árabes e berberes muçulmanos do Noroeste de África, que viveram entre os séculos VII e XVII. Este termo é aplicado tanto aos árabes e berberes que conquistaram a Espanha e aí se estabeleceram no século VIII, como à parte dos habitantes dos territórios conquistados (e seus descendentes) que se tornaram muçulmanos. Uma vez que alguns dos conquistadores árabes pertenciam à raça negroide, este termo foi utilizado nos séculos XVI-XVII como uma designação de qualquer pessoa de pele negra. O termo "mouros" é utilizado com relutância pelos historiadores devido à sua imprecisão. No entanto, o adjetivo "mouro" é frequentemente aplicado às obras de arte e à cultura que floresceram nas regiões muçulmanas de Espanha.

Partindo do facto de que parte do continente, representado na região oriental do mapa, não é outra coisa senão África, vamos considerar a próxima personagem. Este personagem é um elefante africano. Para ser mais preciso - é o elefante africano da floresta, classificado a partir do nome geral numa subespécie separada (Fig. 19). Assemelha-se a um elefante indiano pelo seu tamanho e forma das orelhas, e por isso é fácil de confundir. A altura do elefante africano da floresta na sua cernelha é de cerca de 2,5 metros, o que é muito mais pequeno do que o tamanho dos elefantes que habitam na savana. O elefante da floresta tem um pelo castanho espesso e orelhas redondas. De acordo com o seu nome, o elefante africano da floresta vive nas florestas tropicais de África. Tudo aqui corresponde ao local, às formas e à fauna. Nada é antinatural. Esta imagem fala-nos dos conhecimentos adequados, que correspondem ao tempo e ao lugar da criação do mapa.

Fig.19. Um elefante do mapa de Piri Reis e um elefante da floresta africana.

Uma ave com patas compridas e asas curtas não é outra coisa senão uma avestruz africana, mas cinzenta e não preta (Fig. 20).

Fig.20. Avestruz do mapa de Piri Reis, avestruz africana preta, avestruz africana cinzenta.

Como resultado da identificação das personagens, podemos constatar que Piri Reis retratou a fauna da Índia na parte ocidental do mapa. Para além disso, esboçou uma fauna não vulgar, mas mítica, baseada nas descrições e retratos verbais, predominantes nas obras de autores antigos. Pelo contrário, na parte oriental, vemos a fauna e os habitantes de África, que correspondiam à realidade da época em que o mapa foi criado. A certeza da localização da Índia por detrás do Oceano das Trevas, a Oeste, não deixou Cristóvão Colombo. Martin Behaim e Paolo Toscanelli também acreditaram neste facto, retirando a informação da "Geografia" de Cláudio Ptolomeu. A partir destes factos podemos assumir que na parte ocidental do mapa de Piri Reis não está representada outra coisa senão a Índia. No entanto, isto só será verdade para a fonte de conhecimento que serviu para Eratóstenes, e não é verdade para a Geografia de Ptolomeu, que mais tarde serviu de base para os trabalhos de Toscanelli e Behaim, cujas ideias foram divulgadas por Colombo. Se Piri Reis desenhou este mapa sozinho, utilizando algumas fontes antigas, verifica-se que quando esboçou os contornos das terras na parte ocidental do mapa, acreditou que se tratava da Índia e da China, pelo que colocou aí os caracteres que correspondiam às descrições antigas destas terras. E, provavelmente, o Almirante retirou todas estas descrições dos materiais da Biblioteca de Alexandria, que, após a destruição desta, foram transferidos para Constantinopla, que se tornou Istambul - a capital do Império Otomano depois de ter sido capturada pelos turcos em 1453. É de notar que algumas informações sobre a China foram actualizadas no Império Otomano já em 1505-1506. Nessa altura, o viajante otomano Ali Akbar Khatai visitou este país durante a coroação do imperador Zhengde Zhu Houzhao. Depois de passar mais de dois anos e meio no país, escreveu o livro "Hitai-name" (O Livro da China), que foi posteriormente publicado em língua persa em Istambul, em 1520. É possível que Piri Reis tenha tido conhecimento das informações sobre esta viagem, enquanto desenhava o seu mapa-mundo e, muito provavelmente, teve oportunidade de comparar as descrições actuais com fontes mais antigas. Sabe-se que, para além do mapa de Colombo, o Almirante utilizou mais alguns mapas e portulanos da época de Alexandre Magno (356-323 a.C.). É certo que se pode objetar - onde é que Alexandre Magno levou os mapas navais com os contornos da costa, quando foi à Índia por terra? No entanto, ele tinha uma frota, guiada pelo seu associado e comandante Nearchus, que navegou da Índia para a Mesopotâmia. Infelizmente, o periplus (descrição) desta viagem perdeu-se, mas a prova da sua existência real pode ser encontrada nas obras de Arriano e Estrabão. Para além destes, juntam-se os conhecimentos dos marinheiros árabes que Piri Reis conhecia através dos mapas e portulanos do mundo islâmico. E como já sabemos, os árabes conheciam muito bem as costas e a fauna da Índia e da Indochina moderna. Por conseguinte, Piri Reis não podia representar a fauna indiana tal como foi representada por Marino de Tiro e Ptolomeu. Afinal de contas, ele próprio era parte integrante do Oriente iluminado. No entanto, tal informação, nessa altura, só estava acessível em todo o seu volume aos europeus - navegadores portugueses e espanhóis, que coleccionavam fragmentos de conhecimento sobre o Mundo. No entanto, os portugueses já tinham explorado alguma coisa, mas os espanhóis... Os espanhóis continuaram a possuir o velho conceito da Terra plana, que foi destruído por Colombo. Mas o próprio Colombo estava dominado por dogmas religiosos e informações não verificadas. Ele avançava aleatoriamente em direção ao seu objetivo.

Informações de fontes semelhantes foram utilizadas pelo famoso Eratóstenes de Cirene, enquanto desenhava o seu próprio mapa do mundo em 276-194 AC. No mapa de Eratóstenes, a Índia é representada no sentido contrário ao dos ponteiros do relógio, de modo que o Grande Bando corre diretamente para o Oceano Pacífico! Nesta altura, podemos assumir que Piri Reis desenhou a Índia e a China na parte ocidental do seu mapa, utilizando informações de Eratóstenes, retiradas da Biblioteca de Alexandria e nunca pensou na existência do Novo Mundo! E, de facto, quando fazemos a imposição dos contornos do continente, retirados da parte ocidental do mapa do Almirante turco, com o mapa do Sudeste Asiático moderno, vemos uma coincidência muito interessante da costa. Mas, claro, com a mesma perda inevitável de algumas ilhas e com a distorção de uma parte significativa do

continente, o que se deve inteiramente à inexatidão e ao incompleto conhecimento geográfico na Idade Média. A questão da ilha, que deu origem a toda esta discussão, também se torna clara neste ponto da investigação. De acordo com os mapas de Paolo Toscanelli e do seu seguidor Martin Behaim, é muito provável que esta ilha não seja outra coisa senão Sipangu - Japão. O conceito de Sipangu chegou-nos através das descrições das viagens de Marco Polo, que explorou a Ásia Central no século XII, durante o seu longo período ao serviço de Kublai Khan. Foi Sipangu, uma ilha de riquezas fabulosas, que Cristóvão Colombo procurou quando descobriu as novas terras, pois tinha a certeza absoluta de que se encontrava perto das regiões da Ásia descritas por Marco Polo. Aliás, de acordo com alguns historiadores, Cristóvão Colombo manteve sempre por perto o livro com as memórias deste viajante. No entanto, em função dos juízos de Marino de Tiro e de Ptolomeu, considerou a Terra muito mais pequena do que o seu verdadeiro tamanho. A seguinte carta de Colombo aos augustos monarcas de Espanha esclarece-o: "... *Tudo o que aqui digo, ouvi-o com os meus próprios ouvidos. Sei que em 1494 naveguei na linha do 24° grau para Ocidente até ao limite das nove horas e não me podia enganar, porque assisti aos eclipses solares. O Sol estava na constelação de Libra, a Lua na constelação de Carneiro. Tudo o que ouvi das pessoas, aprendi nos livros. Ptolomeu acreditava ter feito bem em corrigir Marino, cujas afirmações são agora consideradas mais próximas da verdade. Ptolomeu coloca Katigara a 12 linhas do seu Ocidente, que, na sua opinião, se situa a 2 e 1/3 graus do Cabo de São Vicente, em Portugal. Marino, por sua vez, incluiu a Terra e os seus limites no intervalo de 15 linhas. Marino acreditava que a Etiópia se estendia para além da linha do equador nos 24 graus, e agora, quando os portugueses começaram a navegar nesses locais, a sua opinião foi totalmente confirmada. Ptolomeu diz que a terra mais a sul deve estar 15 e 1/3 graus abaixo. O Mundo é pequeno. Das suas sete partes - seis estão ocupadas por terra, e só a sétima está coberta de água. Tudo isto é agora provado pela experiência, e escrevi sobre isto noutras cartas com referências às Sagradas Escrituras e à autoridade da Santa Igreja, relativamente à localização do Paraíso terrestre. E digo que o Mundo é pequeno, ao contrário das opiniões dos ignorantes, e que num grau da linha equatorial há 56 e 2/3 milhas. Tudo isto pode ser provado muito facilmente... "*

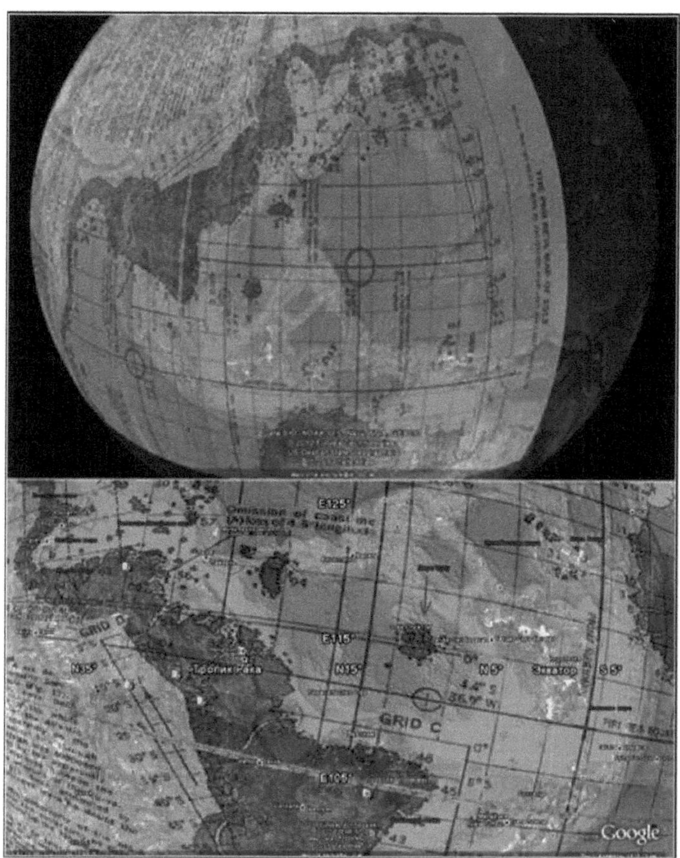

Fig.21. Combinação da linha de costa do mapa de Piri Reis com a área da Costa da Indochina moderna (a combinação foi feita por Varyag, membro do Fórum do Projeto ISIDA).

Neste ponto, poder-se-ia começar a gritar - WOW! Um enigma de longa data do mapa de Piri Reis foi finalmente resolvido! Mas não nos precipitemos. O próprio Piri Reis deu provas diretas de que usou um certo mapa de Cristóvão Colombo, quando estava a desenhar o seu próprio mapa do Mundo. Portanto, alguns vestígios de tal

A prova deve ser preservada no mapa do almirante turco. Afinal de contas, Colombo já tinha cartografado algumas ilhas e costas do continente. Assim, consequentemente, alguma informação sobre estas terras deveria estar presente no mapa de Piri Reis.

Para esclarecer esta questão, tratemos da identificação da frota - os navios à vela, numerosamente representados no mapa (Fig.22). Comecemos pela caravela. O Dicionário Naval Soviético dá a seguinte caraterística a esta embarcação medieval: "... *Navio de casco grosso, de um convés, de três e quatro mastros, com altas superestruturas na proa e na proa, com um deslocamento de 20 a 400 toneladas. Tinha boa navegabilidade e foi muito utilizada pelos marinheiros italianos, espanhóis e portugueses nos séculos XHI-XVII d.C. As caravelas foram utilizadas por: Cristóvão Colombo (na travessia do Oceano Atlântico) e Vasco da Gama (da Europa à Índia)"*. Como se sabe pela história, a partir da viragem dos séculos Xll-XIII, estas caravelas eram embarcações de pesca, e mais tarde tornaram-se navios comerciais e militares.

A carraca é uma espécie de caravela melhorada que surgiu por volta do final do século XV. O seu deslocamento era de até 2.000 toneladas, o armamento do navio era de cerca de 30-40 canhões e a tripulação de até 1.200 pessoas. Pela primeira vez na Marinha da época, os canhões da carraca eram utilizados em portos de canhão, sendo colocados em baterias fechadas. Neste caso, é necessário ter em conta o facto de tais caravelas e carracas estarem também representadas no planisfério português de Cantino (1502) e no mapa espanhol de Juan de la Cosa (1500). Então, será que Piri Reis trabalhou como cartógrafo para marinheiros inimigos? De modo algum! Afinal de contas, todos os mapas marítimos do início da Era dos Grandes Descobrimentos Geográficos, com o mesmo sucesso, podem ser atribuídos ao almirante turco, e será definitivamente uma suposição errada.

Fig.22. Navios do mapa de Piri Reis.

Agora tudo está claro com caravelas e carracas. Não há dúvida de que vemos os espanhóis ou os portugueses a navegar nas águas do mapa de Piri Reis. Mas, no entanto, vamos especificar quem exatamente dos "ibéricos" desenhou uma cruz vermelha nas velas dos seus navios. Todos os caminhos conduzem precisamente à Ordem de Cristo portuguesa e aos Templários. A sucessora dos Templários no Reino de Portugal, a Ordem Militar de Cristo, remonta à medieval "Ordem dos Cavaleiros de Jesus Cristo", instituída em 14 de março de 1319 pela bula de Avinhão do Papa João XXII "*Adeaexquibus* com a Regra de São Bento". O rei D. Dinis I de Portugal (1261-1325) apresentou uma petição para a criação da nova Ordem em vez da Ordem dos Templários, que foi perseguida e finalmente proibida pelo Papa Clemente V no Concílio de Viena em 1312. Esta é a razão da representação de dois tipos de cruzes no mapa de Piri Reis. A nós, por sua vez, interessa-nos a imagem da cruz dessa Ordem que, segundo a cronologia, foi a mais próxima da época da vida de Piri Reis. E parece ser a Ordem de Cristo.

Fig.23. Símbolos da Ordem de Cristo e dos Templários; uma caravela espanhola do século XV; um fragmento do mapa de Juan de la Cosa. Madrid, século XVI.

Outra coisa - são os veleiros mais pequenos, disponíveis na flotilha do mapa. De facto, trata-se de um dhow - uma embarcação árabe, conhecida desde o tempo do século V a.C. (Fig. 24).

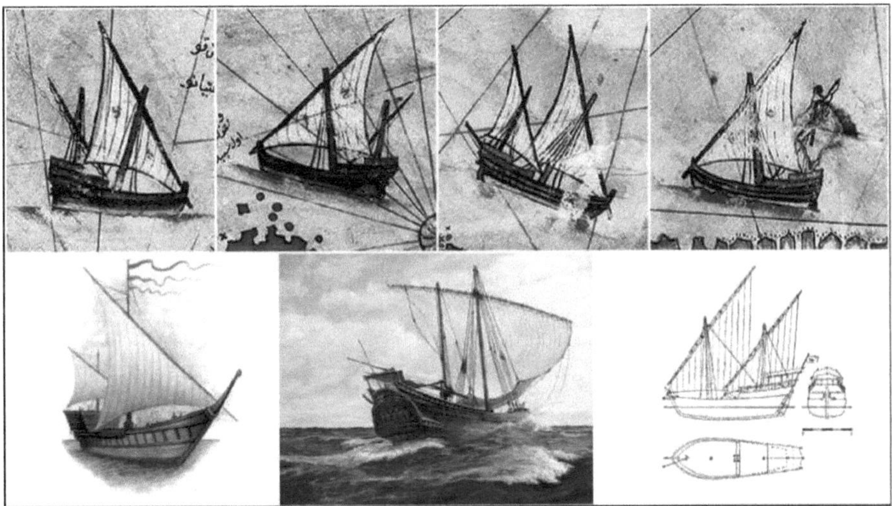

Fig. 24. Embarcações do mapa de Piri Reis: dhow, dhow no mar, desenho esquemático de um dhow.

O que é que tudo isto pode significar? Será que alguns navegadores árabes navegaram nas águas atlânticas junto às costas da América durante a época dos Grandes Descobrimentos Geográficos, e nós deixámos passar este facto? Ou será que Piri Reis os acrescentou aqui por acaso, numa tentativa de melhorar a "legibilidade" do mapa?

Atrevo-me a garantir ao leitor - nem a primeira nem a segunda. Sim, o navio que aparece no mapa é de facto um dhow árabe. No entanto, vemos as cruzes vermelhas, representadas nas suas velas inclinadas em latim, iguais às das caravelas e carracas, que já vimos.Se prestarmos muita atenção ao simbolismo, temos de nos lembrar da lua crescente muçulmana. Afinal de contas, Piri Reis era muçulmano. Então porque é que as cruzes foram representadas aqui? Neste ponto da nossa investigação, vale a pena recordar a época em que as expedições de Colombo foram equipadas pela corte espanhola. Corria o ano de 1492, ano da unificação (pelo casamento de Fernando de Aragão e Isabel de Castela) dos Reinos de Aragão e Castela - Granada, o último reduto dos mouros, que acima referimos, como as personagens, representadas no mapa de Piri Reis. Assim, a embarcação árabe, denominada dhow, terá sido um troféu militar, que integrou uma pequena flotilha, que navegou para Ocidente em busca de Sipango, da China e da Índia. Da história desta viagem, apenas se conhecem as proporções aproximadas das embarcações. O navio-almirante "Santa Maria" era uma carraca. O navio mais pequeno, "Pinta", era uma caravela. E o mais pequeno era o "Santa Clara" ou "Nina", que mais tarde se tornou o navio-almirante, devido à perda do "Santa Maria" perto da costa do Haiti. Talvez a "Nina" seja, muito provavelmente, aquele troféu árabe do navio "dhow" com dois mastros, uma superestrutura na parte da popa e velas latinas, o que lhe conferia a vantagem da manobrabilidade, ao contrário dos restantes navios desta flotilha. Um ponto importante aqui é a forma da sua proa e especialmente o ângulo da haste em relação à quilha. Note-se que o dhow é uma classe de navio, dividida nos seguintes tipos: sanbouk, boom, batel, padar, bagla, zarowk, pattamar, djalbawt, sheve, bedan, djahazi... Existem muitas versões de um dhow, e todas elas dependem dos países e do tipo de estaleiros navais em que foram construídas e da cultura que influenciou o construtor naval. O navio que estamos a estudar agora tem as caraterísticas do kog europeu, pelo que podemos sugerir com segurança que pertence à região mediterrânica, onde as culturas ocidental e oriental estavam intimamente ligadas na Idade Média. O dhow da parte ocidental do Mar Mediterrâneo difere do dhow do Mar Vermelho (sanbouk). O sanbouk é um navio mais "de proa afiada" do que o navio que estamos a considerar. Tem um tronco bem expresso, e toda a sua construção tem as caraterísticas de uma "agulha" marítima com as "asas" magicamente crescidas. Enquanto o dhow que estamos a estudar, muito provavelmente, parece um navio veneziano de carga com os elementos do kog europeu, sendo criado pelas mãos de um construtor naval árabe. Então, porque é que, afinal, Piri Reis, um famoso navegador turco, desenhou navios inimigos no seu mapa? É uma circunstância bastante estranha. Além disso, não havia caravelas na frota turca de finais do século XV e princípios do século XVI! O Império Otomano utilizava absolutamente outros tipos de navios: galés, galés, xebecs, fustas. Em teoria, estes tipos de navios deviam ser representados pelo almirante turco no seu mapa do mundo. No entanto, ele só o fez no seu famoso "Livro dos Mares" *("Kitab i-Bahriye")* (Fig.24) para a bacia do Mediterrâneo, que teve oportunidade de explorar sozinho sob o comando do seu tio - Kemal Reis.

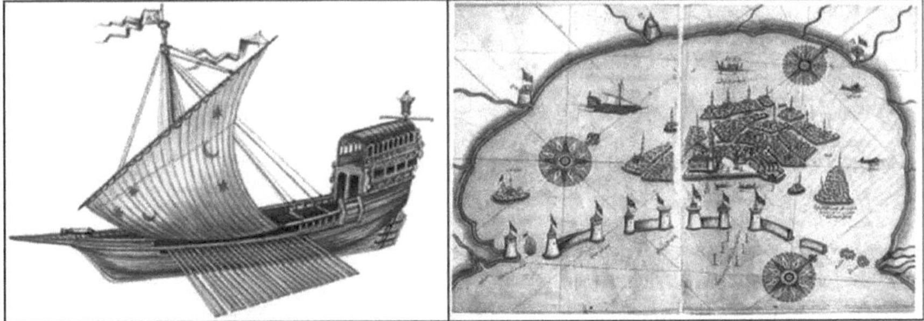

Fig.25. A galé turca com símbolos muçulmanos e um fragmento do livro de Piri Reis "Kitab i-Bahriye".

Talvez, ao desenhar o mapa para oferecer ao Sultão, Piri Reis quisesse mostrar o que exatamente os "infiéis" espanhóis e portugueses conseguiram nas suas viagens. Afinal, o futuro almirante era já um velho e experiente marinheiro e sabia perfeitamente que as galés não são particularmente adequadas para as longas viagens. Por outro lado, não havia qualquer necessidade de utilizar caravelas (bem como dhows) se a ideia principal fosse apenas mostrar o mapa da Terra, enquanto cada navio no mapa é representado com um significado especial: o primeiro - está na âncora, o segundo - está a virar, o terceiro - está à deriva, o quarto - não tem velas. Por outras palavras, os navios próximos das costas desconhecidas, representados no mapa, têm caraterísticas especiais, conhecidas apenas por aqueles que navegaram nessas águas!

Mas como já sabemos, que Piri Reis não poderia fazer tal viagem, então só havia um que poderia fazer isso, como ninguém. O seu nome é Cristóvão Colombo. À primeira vista, tudo isto pode parecer ridículo, porque sabemos que os cartógrafos e professores sérios, juntamente com os especialistas em hidrografia, já gastaram sete anos na interpretação deste mapa. Naturalmente, uma tal autoridade deveria suprimir qualquer dúvida emergente logo no seu início. No entanto, a história do mundo conhece um bom número de "falhanços" deste tipo, com a participação de cientistas respeitáveis do seu tempo. Certamente, este facto não é de modo algum uma censura ou uma "pedra atirada ao jardim de alguém". Afinal, como sabemos, quem não faz nada nunca erra.

Como sabemos, o marco importante no desenvolvimento do conhecimento sobre o Mundo, foi a era das embarcações à vela. E o percurso de um veleiro depende tanto do armamento da vela como dos ventos, que têm uma influência direta no sucesso de qualquer viagem. Já nos debruçámos sobre as descobertas dos portugueses na Era dos Grandes Descobrimentos Geográficos, mas não considerámos algumas das circunstâncias que acompanharam essas descobertas. Portugal, sendo um Estado bastante pequeno, estava constantemente interessado em expandir as suas possessões e relações comerciais e económicas. Com a formação do Império Otomano e a "confusão" no Mediterrâneo, o caminho para o Oriente ficou fechado, e os monarcas portugueses começaram a procurar outras rotas marítimas para o Oriente, contornando os otomanos.

Os cosmógrafos portugueses, ao estudarem os mapas antigos, com a ajuda da informação dada por Pero de Covilhã, acreditavam piamente na existência de uma certa passagem marítima à volta do continente africano. Expedições enviadas com frequência deslocaram-se gradualmente para Sul ao longo da costa ocidental de África. Notemos este ponto importante. Ao navegar a partir da Península Ibérica, um navio cai na região dos ventos. A direção destes ventos aponta diretamente para a costa oriental do Brasil. Qualquer tempestade arremessa um navio que não seja de remo para as costas da América do Sul. E isto é especialmente verdadeiro para os navios com velas, para os quais o vento é o seu motor essencial, enquanto que para a frota a remo este problema não é tão urgente. A título de exemplo, podemos recordar o cartaginês

Hannon e a história da sua viagem ao longo da costa ocidental de África nos seus navios a remos.

Os portugueses, ao fazerem as suas rotas para a Índia, entraram várias vezes na América do Sul e no Brasil, mesmo antes da viagem de Colombo e das "descobertas" de Pedro Álvares Cabral. João II de Portugal conhecia bem as terras com minas de ouro que se encontravam para além do Oceano. Esta circunstância foi a razão pela qual, durante a conclusão do Tratado de Tordesilhas (assinado a 7 de junho de 1494 na cidade de Tordesilhas), uma parte da América do Sul - o Brasil - passou para a posse de Portugal com todas as suas reservas de ouro (de que a Espanha nunca ouviu falar). Esta circunstância foi a razão pela qual D. João II negou o desejo de Colombo de chegar à Índia, navegando para oeste. Devido a esta circunstância, a esquadra portuguesa estava à espera da flotilha de Colombo, com o objetivo de a destruir durante a sua primeira viagem. Felizmente conseguiu evitar este perigo através de uma manobra manhosa: avisado pelos seus amigos, Colombo substituiu os sinais de identificação e as velas da sua flotilha por velas portuguesas e alterou a sua rota.

A política diplomática latente de Portugal estava sob o risco de ser revelada após o regresso de Colombo da "Índia". No entanto, a linha de demarcação permitiu uma resolução relativamente pacífica do conflito emergente entre os dois Estados. A diplomacia de D. João II de Portugal, que gentilmente acolheu Colombo no seu regresso e o interrogou sobre todos os pormenores da sua viagem, desempenhou um papel crucial na "divisão" do Mundo em esferas de influência.

Assim, sendo detentor de conhecimentos mais avançados (em termos de ordem mundial), Portugal, tendo feito a "jogada manhosa", ganhou o jogo, deixando a Espanha a tratar da sua "Índia", enquanto Portugal iniciou com sucesso o monopólio do comércio das especiarias após as expedições de Vasco da Gama e Pedro Cabral, que, aliás, traçaram as suas rotas marítimas através do Brasil, fazendo uma espécie de desvio. Isto resultava do facto de, ao navegar do Norte para o Sul, se enfrentar sempre os ventos contrários, dominantes ao longo da costa ocidental de África. No entanto, Cabral recebeu instruções sobre a rota diretamente de Vasco da Gama, que tinha alguns méritos secretos especiais perante a Corte Portuguesa, mesmo antes da sua viagem à

Índia. Tendo em conta todos estes factos, podemos, com alguma segurança, fazer uma sugestão a favor das expedições de Vasco da Gama à América do Sul para o desenvolvimento de minas de ouro.

Isto também nos dá a entender que os portugueses sabiam bastante sobre a localização da América do Sul e a distância até ela a partir da Península Ibérica. E este é um dos momentos mais importantes do "caso" do mapa de Piri Reis. Acontece que, em 1492, a existência e a localização da América do Sul já eram conhecidas pelos portugueses, mas foram cuidadosamente ocultadas por estes últimos. E, embora a própria costa do Brasil ainda não estivesse muito bem estudada e cartografada, a referência de coordenadas, representada no "mapa roubado", conhecido como "Planisfério de Cantino", foi feita com bastante precisão. Vamos tentar revelar este momento com mais pormenor. É de notar que um dos factores importantes neste caso é o intervalo de tempo em que o mapa é datado. Estranha "coincidência" - o mapa de Piri Reis apareceu subitamente assim que os continentes americanos foram descobertos e ligeiramente estudados.

A Era dos Grandes Descobrimentos Geográficos, iniciada oficialmente em 1492, continuou a sua procissão vitoriosa, revelando novas terras e visões do mundo à humanidade. O vento da mudança soprou as velas não só para os investigadores "em nome do Rei", mas também para os comerciantes e vários "empreendedores" - aventureiros, que sentiram o sabor dos possíveis benefícios após a descoberta do Novo Mundo e até para aqueles que navegaram nas águas do Atlântico sob bandeiras piratas.

No entanto, uma navegação tão livre exigia um bom conhecimento de astronomia e matemática, bem como a capacidade de utilizar vários aparelhos náuticos, inventados pelos génios da Idade Média. A informação sobre os destinos para onde os marinheiros se dirigiam era parte integrante desse conhecimento. A informação, armazenada em lendas, apenas permitiu uma compreensão geral das caraterísticas de uma determinada rota. Por vezes, antes de iniciar as viagens distantes, quando as descrições verbais de uma determinada rota não eram suficientes, recorria-se a explicações desenhadas (portulanos). Posteriormente, no processo de acumulação de conhecimentos sobre o mundo, os portulanos transformaram-se gradualmente em verdadeiros mapas marítimos.

Vamos tentar fazer um breve traçado de alguns aspectos do desenvolvimento da cartografia, recolhendo-os dos fragmentos da história.

Assim, Anaximandro de Mileto, o seguidor de Tales, criou o primeiro mapa da Terra (Fig. 27), que não chegou até nós, mas que pode ser recuperado pelas descrições dos autores antigos. Pela primeira vez na Grécia, instalou o gnómon - o relógio de sol mais simples. Foi o primeiro a introduzir o conceito de Globo Celeste.

Fig.27. Visão grega antiga do mundo. Reconstrução moderna do mapa-mundo de Anaximandro de Mileto, filósofo da Grécia Antiga.

Hannon, o cartaginês, era um marinheiro que fez uma viagem ao longo da costa ocidental de África por volta do século V a.C.. A sua flotilha era constituída por 60 navios com 30.000 pessoas (homens e mulheres). Tendo desembarcado na costa de Marrocos, fundou uma colónia no local da atual cidade de Rabat, onde construiu o templo. No total, fundou 5 cidades na costa de Marrocos, incluindo Agadir. A descrição da sua viagem foi gravada na parede do santuário de Baal em Cartago e foi conservada no único manuscrito do século X na tradução grega, sob o título de "Periplus de Hanno".

Píteas de Massália foi um mercador, viajante e geógrafo grego. Por volta do ano 325 a.C., viajou ao longo das costas do Norte da Europa. O seu livro "Sobre o Oceano", que descreve a sua viagem, perdeu-se, mas Estrabão e Plínio, o Velho, referem-no como a fonte fiável da época. Píteas chegou à ilha da Bretanha, bem como à costa do Báltico, com as suas minas de âmbar. Em seguida, visitou a ilha de Tula (esta ilha aparece no mapa de Eratóstenes), que, segundo algumas estimativas controversas, se situava para lá do Círculo Polar Ártico, pois, de acordo com a descrição de Píteas, o dia polar durava um mês. Píteas foi o primeiro grego a descrever as luzes polares e o gelo polar. Posteriormente, os gregos repetiram a rota de Píteas, navegando para os países setentrionais para a extração de estanho, que era utilizado para o fabrico de bronze.

Um pequeno excerto do livro de Charles Hapgood é também uma boa ajuda para o nosso estudo: *"Temos provas de que* foram *recolhidos e estudados na grande biblioteca de Alexandria e que foram compilados pelos geógrafos que aí trabalhavam."*

Vamos refletir sobre estas linhas. A lendária Biblioteca de Alexandria - berço da ciência e do génio humano, foi fundada no início do século III a.C. Nela se educaram cientistas notáveis como: Eratóstenes de Cirene (236-195 a.C.), Hiparco de Niceia (190-120 a.C.), Cláudio Ptolomeu (87-165 a.C.). Estes nomes são mencionados não à toa, porque a nossa investigação aborda o problema da cartografia dos continentes do nosso planeta, e todos os cientistas referidos estiveram de alguma forma envolvidos neste processo. Eratóstenes foi o primeiro dos cientistas antigos que calculou a circunferência e o raio do nosso planeta, utilizando o gnómon e a semelhança de triângulos. Existe também um mapa-mundo, criado por ele (Fig. 28). Eratóstenes obteve informações e dados para a compilação do mapa a partir do já conhecido Nearchus, que navegou ao longo das costas do Sudeste Asiático, bem como das viagens de Pytheas e Hanno.

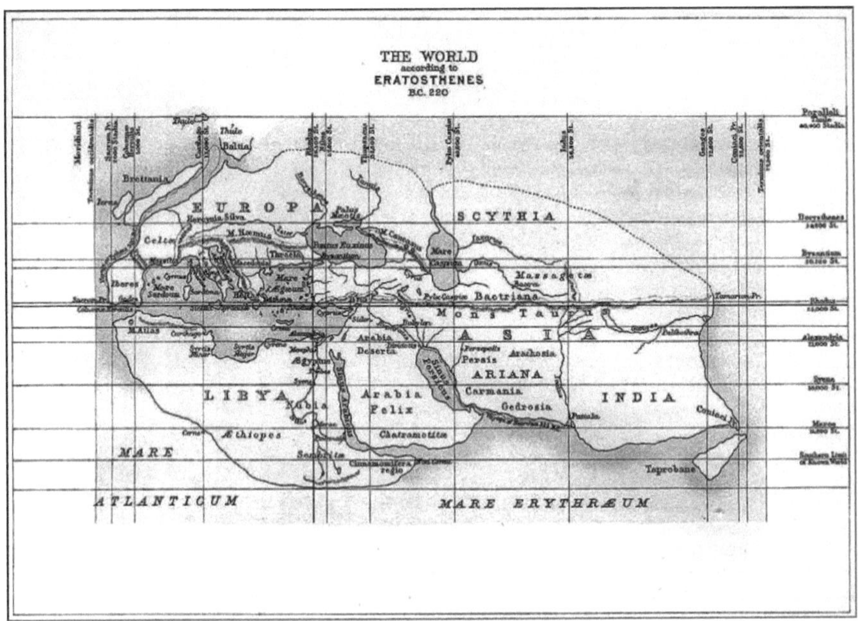

Fig.28. O mapa do Mundo de Eratóstenes.

Eratóstenes introduziu conceitos tão importantes como "meridiano" e "paralelo". Acrescentemos a tudo isto o fator conhecimento, introduzido por Ctesias de Cnido, o antecessor de Eratóstenes.

Mais à frente na escala temporal está Hiparco, que, para além de outros méritos, introduziu o conceito de "longitude" e "latitude". Ptolomeu interessa-nos, em primeiro lugar, com a sua "Geografia", onde as terras e águas conhecidas na altura são mostradas no seu Mapa do Mundo (Fig. 28) e descritas em pormenor. Também dá instruções para o desenho correto, na sua opinião, dos mapas e para a sua leitura.

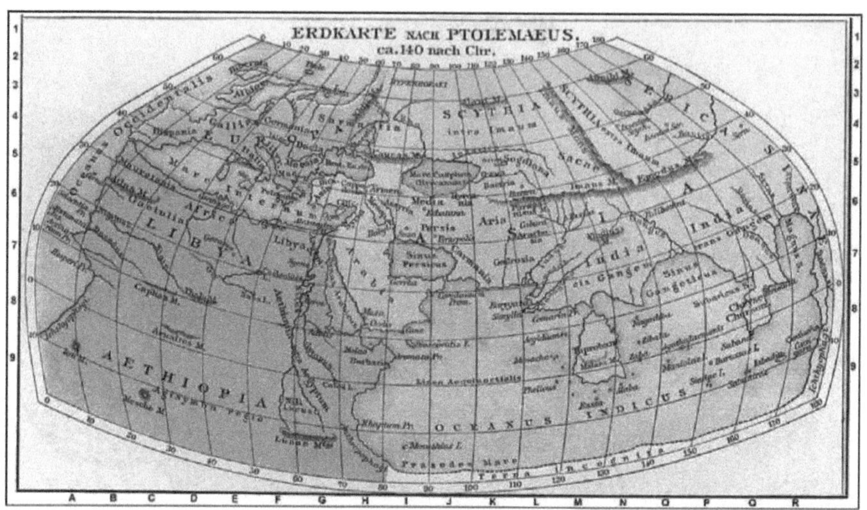

Fig.29. O mapa do mundo de Ptolomeu.

Todos estes pensadores famosos, cada um no seu tempo, tiveram acesso aos arquivos da Biblioteca de Alexandria. Utilizaram os conhecimentos aí armazenados e complementaram-nos com as suas próprias descobertas.

Mas notemos que nenhum destes cientistas antigos (fundadores da ciência moderna) nunca mencionou ou cartografou qualquer outra terra para além da Eurásia e da África. Tudo o que lembrasse as duas Américas e a Antárctida não consta dos mapas da época! Todos os trabalhos dos antigos cartógrafos desse período foram retirados do arsenal da Biblioteca de Alexandria - essa mesma biblioteca, de cujos restos Piri Reis retirou todo o conhecimento disponível para o seu famoso mapa do Mundo, criado em 1513! Ao mesmo tempo, porque é que nem Eratóstenes, nem Hiparco, nem Ptolomeu ouviram falar de tais fontes? É uma circunstância muito estranha, não é?

Seria lógico supor que Piri Reis encontrou um documento muito antigo, ao qual os seus antecessores não prestaram atenção, e que, silenciosamente, acumulava pó na prateleira de um qualquer armazém, esperando pacientemente pelo seu momento. E porquê?

Vamos tentar pensar com clareza. Qual é a probabilidade de um Almirante da Marinha séria da Antiguidade se interessar por um mapa antigo, representando uma terra desconhecida, cujos contornos não puderam ser confirmados e com os quais não há nada a comparar? É também interessante saber por que razão o Almirante o aceitou como realidade e, não tendo oportunidade de explorar os contornos das terras desconhecidas, mostrou ao mundo o seu mapa com firme confiança e até o apresentou ao Sultão!

O resultado é interessante. Quantas vezes nos baseamos em factos não verificados quando fazemos as nossas pesquisas? Mas, afinal, o mapa do mundo não é um brinquedo!

Com o mesmo sucesso, podemos pegar, por exemplo, em imagens dos possíveis continentes, gravadas nas chamadas pedras de lea (Fig. 30) e, com base nesses dados, desenhar o nosso próprio "mapa do Mundo".

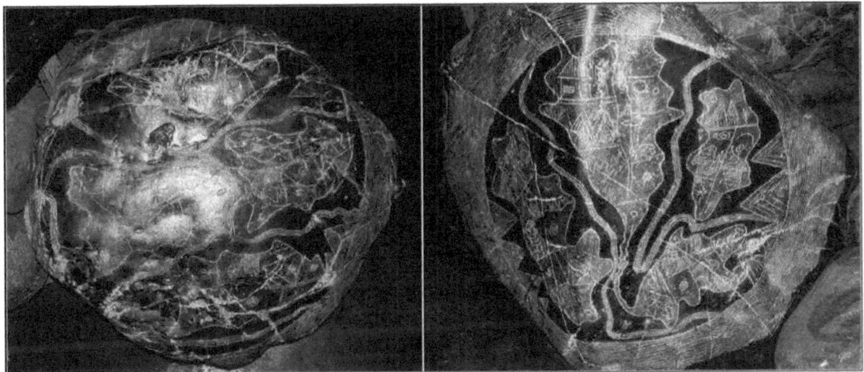

Fig.30. Pedras de Ica. (Da Wikipédia).

Parece que não é uma má ideia? Mas como é que podemos verificar isso? Não é claro onde procurar e como é que esse "algo" está longe. O resultado serão apenas rabiscos de orientação indistinta. Teoricamente, o Almirante, enquanto desenhava o seu mapa, tinha de estar perto das costas representadas, verificando com a bússola e a orientação da Estrela Polar. No seu estudo, Charles Hapgood afirma que a precisão do mapeamento das terras é suficientemente elevada, de acordo com as coordenadas do mapa de Piri Reis. No entanto, o próprio Piri Reis não navegou para além da bacia do Mediterrâneo nessa altura! Limitou-se a juntar vários portulanos, mapas antigos e mapas de Colombo numa só peça, escalando sozinho as partes do Mundo disponíveis. No entanto, o dilema esconde-se aqui. Suponhamos que existe um determinado mapa

43

antigo, mapas antigos e portulanos. Sim, é possível cortar algo a partir dele. Mas se assim for, vale a pena voltar à questão de saber que tipo de mapa é que Piri Reis herdou de Cristóvão Colombo. Afinal, as costas descobertas pelos genoveses são bem conhecidas e bem descritas com referência à cronologia. Torna-se interessante saber que pedaço do mapa de Colombo foi posto à disposição de Piri Reis e por que razões o utilizou, se já dispunha de outra fonte antiga? Parece que essa fonte antiga estava incompleta, pelo que foi necessário utilizar o mapa espanhol "troféu".

Por outro lado, se partirmos do princípio que Piri Reis comparou a informação de uma hipotética fonte com o mapa de Colombo, então porque é que, como ele próprio referiu, preferiu este último, ao desenhar o seu próprio mapa? Suponhamos que o almirante turco não confiava muito na fonte original e não sabia o que estava a representar na parte ocidental do seu mapa. No entanto, ele representou esta parte ocidental com uma compatibilidade bastante correta das coordenadas! No entanto, neste caso, é necessário rodar algumas partes do mapa para obter o resultado pretendido (o que também é mencionado por Charles Hapgood no seu livro). Para além de tudo o que foi mencionado acima, não existem ilhas suficientes no mundo real que se encaixem nas que estão claramente representadas no mapa de Piri Reis. Qual é o problema? Acontece que o problema se esconde na obtenção de informações distorcidas sobre as terras em comparação com os mapas dessas terras já na Idade Média! Isto significa que o erro foi cometido pelo almirante turco ao desenhar o mapa. De acordo com as notas de Piri Reis, um escravo espanhol comentou com ele o mapa de Colombo quando o Almirante o obteve para estudar. Como se sabe pela história, nenhum dos cartógrafos e marinheiros "interessados" conhecidos estava em regime de escravatura nessa época. Consequentemente, verifica-se que um dos membros da tripulação do navio foi capturado. Dos mesmos apontamentos de Colombo sabemos que os membros da tripulação do navio foram mantidos desinformados sobre as distâncias percorridas e as coordenadas das terras visitadas. O mesmo facto confirma as palavras do genovês no seguinte excerto da sua carta, escrita na ilha da Jamaica a 7 de julho de 1503 aos monarcas de Espanha, onde descreve a sua quarta viagem: "...*A respeito da minha viagem, direi que foram comigo 150 pessoas, e entre elas havia muitos bons pilotos navais e marinheiros. Nenhum deles consegue perceber para onde fui e de onde regressei. E a razão para isso é simples: Parti de um ponto, situado acima do porto do Brasil, na ilha de Hispaniola. A tempestade impediu-me de seguir o caminho que tinha planeado, e tive de navegar à vontade do vento. Nessa altura, sofria de uma doença. Ainda ninguém tinha navegado nestes sítios; quando o mar acalmou e, após alguns dias, a tempestade passou, as correntes eram muito fortes. Aproximei-me da costa da ilha, a que chamei a Ilha dos Poços, e dali dirigi-me para a terra firme. Ninguém podia fazer uma ideia clara deste caminho, porque naveguei muitos dias, obedecendo à corrente e sem ver a terra. Depois segui ao longo da costa do continente - onde usei uma bússola e os meus conhecimentos náuticos. Não havia ninguém nos navios que pudesse dizer em que parte do céu nos encontrávamos; e quando me dirigi do Continente para Hispaniola, os pilotos pensaram que estávamos ao largo da costa de San Juan, quando era a terra de Mango, situada 400 léguas mais a oeste do que eles acreditavam. Eles que digam se sabem onde fica Verágua. Mas só sabem dizer que é uma terra cheia de ouro, e confirmar isso. Mas não conhecem o caminho, pelo qual se pode chegar de novo às costas de Verágua. Para chegar às margens do Para voltar a Verágua, é necessário descobrir este ponto de terra pela segunda vez como se tivesse sido descoberto pela primeira vez. Isto requer cálculos exactos e conhecimentos de astrologia. E aquele que sabe astrologia, esse não precisa de mais nada. Tudo isto é como uma revelação profética..."*

Bem, nesse caso, devemos prestar especial atenção às terras descobertas por Cristóvão Colombo durante as suas viagens (Fig. 31).

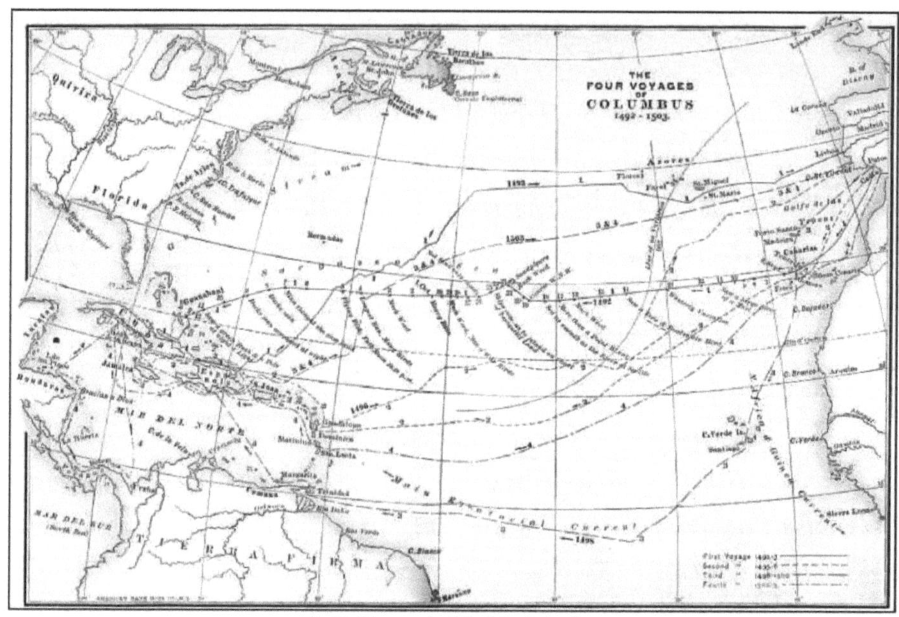

Fig.31. Viagens de Cristóvão Colombo.

Como podemos ver, as três primeiras viagens trouxeram a Colombo apenas as descobertas das ilhas. E só a quarta revelou uma linha costeira, ao longo da qual navegou cerca de 2000 quilómetros. De acordo com a lógica das coisas da época, que implicava a Ásia naquelas águas, deve ter existido também um estreito, descrito por Marco Polo e confirmado por Paolo dal Pozzo Toscanelli. Este estreito deveria ter conduzido Colombo ao seu objetivo ambicionado - a Índia. Mas, como sabemos, tal passagem não aconteceu

existem na realidade. No entanto, nessa altura, Colombo não tinha consciência disso e continuou a explorar este território com perseverança. A quarta viagem, inclusive, segundo o próprio Colombo (aliás, ele era o marinheiro mais velho da sua flotilha), foi a mais difícil para ele. As constantes tempestades e correntes agitaram a flotilha de Colombo. As pessoas estavam exaustas e zangadas com o seu destino. No entanto, apesar de todas estas dificuldades, a cartografia da costa continental foi efectuada. Todos os dados foram registados no diário pessoal de Colombo, que se perdeu sem deixar vestígios, à exceção de uma cópia do diário de bordo, editado por Bartolomeu de las Casas. No entanto, como já sabemos, nem tudo foi registado no diário de bordo, vamos estudar a linha de costa, traçada por Colombo durante a sua última viagem (Fig.31).

Fig.31. Linha de costa, traçada por Colombo durante a sua última viagem.

Prestemos atenção à costa oriental da América Central, incluindo o Panamá, as Honduras e o Iucatão. Após um estudo pormenorizado, verifica-se que esta

A costa parece ser a parte desconhecida do mapa de Colombo, que foi mais tarde utilizada pelo almirante turco Piri Reis, quando este estava a desenhar o seu próprio mapa. Para além disso, as lacunas da última viagem de Colombo também se tornam claras. O genovês terá explorado uma parte da costa do Iucatão e depois, segundo as crónicas oficiais, contornou as Honduras e, após navegar ao longo da costa do Panamá, dirigiu-se para a Jamaica, onde encalhou todos os navios desgastados da sua flotilha. Aqui escreveu várias cartas. Uma delas, pedindo ajuda, destinava-se a Nicolau de Ovando - o governador da ilha de Hispaniola. As restantes cartas, com informações sobre as terras descobertas, destinavam-se aos monarcas de Espanha. As cartas foram enviadas com dois fiduciários que, com a ajuda dos índios, depois de navegarem cerca de duzentos quilómetros em pirogas, chegaram com sucesso à costa de Hispaniola duas semanas mais tarde. E apenas um ano depois, Ovando, sob a pressão da opinião pública, dignou-se a dar o seu consentimento para a organização da missão de salvamento. O futuro destino de Cristóvão Colombo permanece desconhecido para nós. No entanto, não se sabe como é que o mapa, compilado pelos genoveses, caiu nas mãos do almirante turco? Há muitas versões. Pode ter sido dado pelo próprio Colombo, irritado com a traição do monarca espanhol. O mapa, juntamente com uma série de outros documentos e jóias valiosos enviados para Roma em duas galés papais em 1505, pode ter sido capturado pelos marinheiros de batalha de Kemal Reis ou pelos corsários de Barbarossa. Mas, apesar disso, acabou por chegar às mãos de um marinheiro e cartógrafo tão hábil como o próprio Colombo.

O fenómeno do mapa de Piri Reis não é mais do que um belo trabalho de um mestre notável, criado com base em informações distorcidas. A comparação de várias fontes, boatos e lendas, fez uma brincadeira cruel, uma espécie de "telefone quebrado", recolhido de peças defeituosas por um profissional, que nem suspeitava de nada de errado. Será que é mesmo assim? O leitor poderá responder a esta pergunta por si próprio, depois de comparar os factos apresentados.

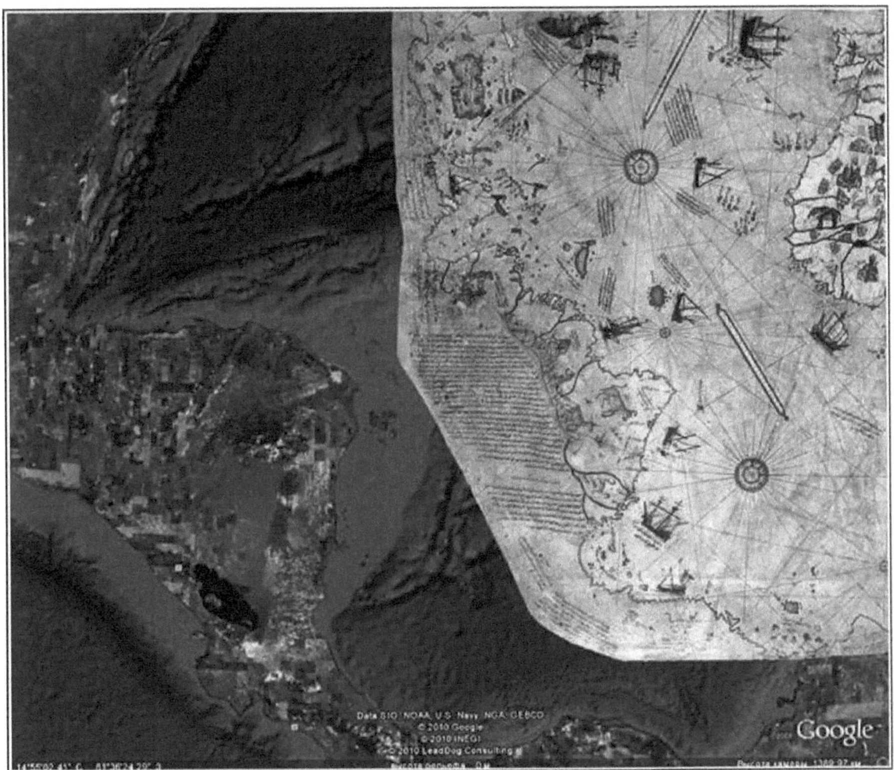

Fig.33. Comparação das linhas de costa do Mapa de Piri Reis e da imagem de satélite do Google Earth.

Este pode ser o ponto final da nossa pesquisa. Piri Reis escreveu nas suas notas que escalou todas as peças de mapas que tinha, colocando-as num tamanho comum. No entanto, uma pequena, mas muito importante inconsistência ainda permanece. O mapa de Piri Reis, mostra a costa da América Central, representada por Colombo, na longitude da América do Sul atual! Além disso, a dimensão da sua costa só é comensurável com um grande continente, e não com o Panamá, as Honduras e o Yucatan juntos!

Para resolver este puzzle, lembremo-nos que os navios, representados no mapa, são portugueses. Lembremo-nos também que foram os portugueses que chegaram à América do Sul muito antes de Colombo, e que Piri Reis mencionou os quatro portugueses nas suas notas explicativas, escritas no seu mapa. Notemos também o facto de não se encontrar qualquer vestígio da América Central no mapa de Juan de la Cosa, nem no planisfério de Cantino. Isto explica-se pelo facto de nem os portugueses nem os espanhóis (exceto Colombo, claro) conhecerem os contornos da costa oriental da América Central no início do século XVI. Os portugueses visitaram o Brasil muitas vezes, e as viagens de Américo Vespúcio esclareceram o litoral da América do Sul até os 25 graus de latitude sul. Piri Reis utilizou informações sobre a América do Sul, colocando em seu lugar o mapa de Colombo da América Central, operando com as evidências distorcidas do escravo espanhol e de vários portugueses. (Não é à toa que era muito fácil se confundir com esses traçados, considerando sua comparabilidade na época). É aqui que reside todo o "mistério" do mapa de Piri Reis. Só Colombo considerou as terras descobertas como a Índia e representou a fauna indiana no mapa da sua grande descoberta. Mas Piri Reis, sem sequer suspeitar de nada de errado, copiou exatamente todos os traços e caracteres do mapa do genovês, ao mesmo tempo que criava o seu próprio mapa do Mundo. A questão da localização exacta dos continentes e da referência das suas coordenadas continua em aberto. Vamos tentar clarificar este ponto.

Eis um excerto do livro de Charles Hapgood "Maps of the Ancient Sea Kings": *"...Além disso, o exame mostrou que este mapa diferia significativamente de todos os outros mapas da América desenhados no século XVI porque mostrava a América do Sul e a África em longitudes relativas corretas. Isto foi muito notável, pois os navegadores do século XVI não tinham meios de encontrar a longitude, exceto por adivinhação."*

Como estamos interessados no intervalo de tempo na viragem dos séculos XV-XVI, comecemos pelas tabelas de Regiomontanus - efemérides (publicadas em 1474) que substituíram as tabelas Alfonsinas, as antigas. As posições do Sol, da Lua e dos planetas nas efemérides foram calculadas para o período de 1475-1506. Estas foram as últimas tabelas da história da ciência, calculadas com base na teoria de Ptolomeu. Regiomontanus também desenvolveu um método de "distâncias lunares" para a determinação da latitude e longitude no mar. As efemérides foram utilizadas por Vasco da Gama, Cristóvão Colombo e muitos outros navegadores famosos. Regiomontanus escreveu uma série de obras sobre instrumentos astronómicos: astrolábio universal, relógio de sol, esfera armilar, que, aliás, eram os instrumentos de navegação nos navios genoveses.

É também importante saber que o astrolábio já era conhecido no século II-III d.C., no tempo de Cláudio Ptolomeu. Era uma espécie de computador do mundo antigo, que permitia não só fazer a reconciliação do terreno, de acordo com dados astronómicos, mas também efetuar cálculos trigonométricos! A precisão do astrolábio era de cerca de 0,1-0,3 graus, o que permitia calcular os dados necessários com uma certa precisão. A ciência antiga, no seu tempo, passou a tocha do conhecimento sobre a utilização do astrolábio à ciência árabe. Sabe-se que o primeiro construtor árabe deste instrumento foi Muhammad ibn Ibrahim al-Fazari, que trabalhou na corte do califa al-Mansur, em Bagdade, em 754-775 d.C. Durante o florescimento do mundo árabe, o dia era medido com a ajuda de um relógio de sol e a noite - com um relógio de água (clepsidra) ou um vidro de areia. O Astrolábio permitiu reexaminar estes instrumentos. Para tal, era necessário observar a altura do Sol durante o dia e uma das estrelas mais brilhantes, representada na rétea do astrolábio, durante a noite. Outro dispositivo interessante, baseado no mesmo astrolábio, foi desenvolvido por Al-Biruni e pode ser considerado o protótipo de um relógio mecânico. O instrumento tem uma caixa dupla com engrenagens, fixadas no seu interior. Ao rodar um disco externo a uma determinada velocidade, era possível ver as fases da Lua a mudar na janela, bem como outras caraterísticas do tempo.

E estas são apenas algumas das propriedades acima mencionadas do aparelho, que podia efetuar muito mais operações de medição e de cálculo! O cientista árabe Az-Zarkali (X-XI d.C.) inventou um astrolábio universal, que permitia efetuar tais cálculos em qualquer latitude (Fig. 34).

Fig.34. Astrolábio.

Se o astrolábio não parecer suficiente para o nosso leitor, recordemos a conhecida ampulheta. Com o desenvolvimento do sopro do vidro, tornou-se possível criar frascos de vidro de vários tamanhos para medir diferentes intervalos de tempo. No tempo das embarcações à vela, a velocidade da embarcação era medida ao longo da linha de bordo lançada ao mar, presa ao sector de madeira (Fig. 35). A velocidade era medida em 30 segundos (1/120 h). O cabo de galhardetes foi dividido em intervalos iguais a 1/120 da milha náutica (15,43 m). Cada intervalo foi marcado com nós tecidos na linha do toro. O comprimento de um "nó" era igual a: 6076,1 pés / 120 = 50,63 pés = 15,43 m.

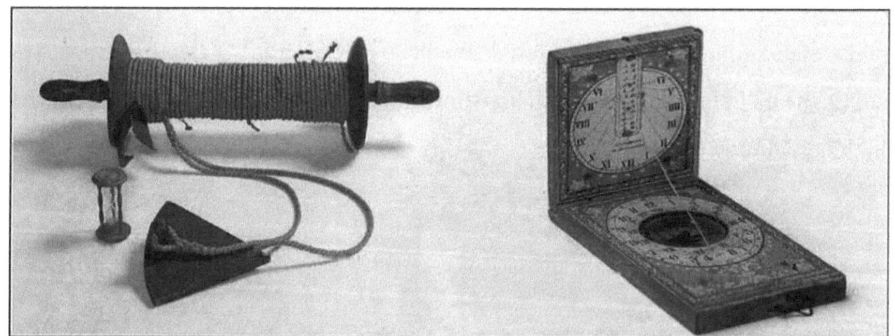
PHC.35. Logline com nós e compasso.

Depois, contava-se o número de nós de logline que se desviaram para o mar em 30 segundos. A medida de tempo era uma ampulheta de meio minuto. Tudo isto, de facto, era a fonte para determinar a velocidade de um navio.

A expressão "tocar o sino", enquanto se mantém de vigia, permaneceu apenas como uma tradição na frota moderna. No entanto, no passado, as "ampulhetas" eram uma parte integrante e importante da determinação e preservação do tempo a bordo (Fig. 36).

"Bater o sino" - significa indicar o momento de virar a ampulheta do lado cheio para o lado vazio, produzindo um som através de um sino de relógio. O "bater do sino" durante a vigília era um ritmo de vida para a tripulação do navio. Consequentemente, a hora de bordo, em comparação com a hora local, dava uma correção para o cálculo da longitude. É claro que o fator humano desempenhava um papel importante na preservação da hora de bordo. Por conseguinte, a longitude só foi determinada com maior precisão após a invenção do cronómetro mecânico.

Fig.36. Ampulheta; campainha de relógio; um conjunto de ampulhetas de diferentes volumes para medir diferentes intervalos de tempo.

As ampulhetas, à disposição do pessoal do capitão, tinham uma capacidade diferente. As ampulhetas de meio minuto eram utilizadas para medir a velocidade de um navio ao longo do nodómetro. Por isso, as de meia hora não serviam para este efeito. É um facto conhecido que as ampulhetas de quatro horas nunca foram usadas nos navios de Colombo. Por isso, o tempo era medido com a ajuda de ampulhetas de hora e meia hora, com anotações num quadro especial, registando assim a expiração de um determinado intervalo de tempo.

É de salientar que o mapa de Juan de la Cosa, datado de 1500, reflecte o conhecimento dos navegadores espanhóis sobre as terras e a sua população durante a

Era dos Grandes Descobrimentos Geográficos (Fig. 37). No entanto, é preciso ter em conta que este mapa foi elaborado com base em dados obtidos durante o período de 8 anos que teve início a partir da primeira viagem de Colombo. Muitos acontecimentos ocorreram durante este intervalo de tempo. Vasco da Gama, continuando o trabalho de Bartolomeu Dias, descobriu o caminho oriental para a verdadeira Índia, contornando África. Os portugueses, na pessoa de Pedro Álvares Cabral, fizeram a descoberta do Brasil. Gradualmente, os pioneiros começaram a compreender que as terras descobertas no Ocidente e chamadas, na opinião de Colombo, de Índia - não são de todo a Índia.

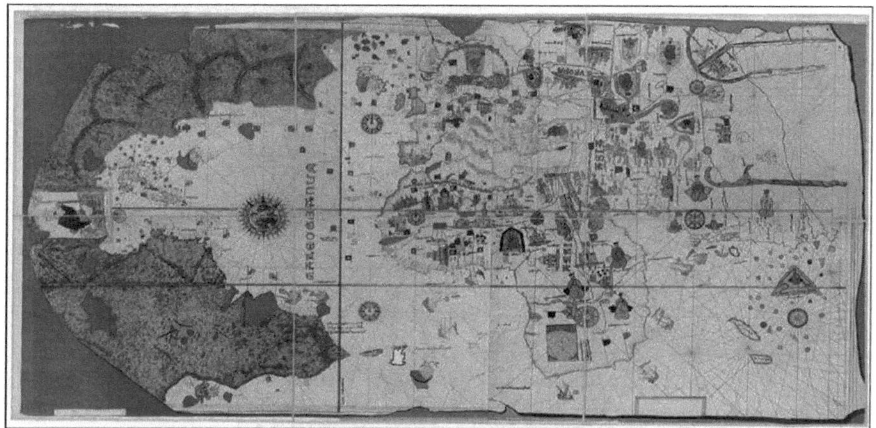

Fig.37. Mapa do Mundo de Juan de la Cosa.

A consciência de que se tratava de uma terra absolutamente nova está claramente reflectida no planisfério de Cantino em 1502 (Fig.38).

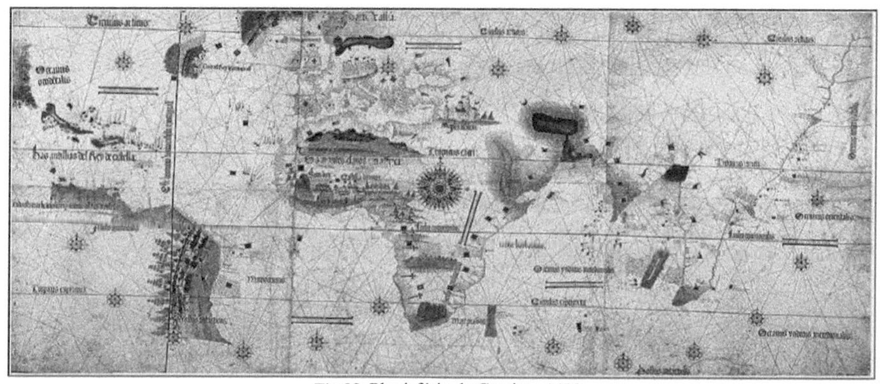

Fig.38. Planisfério de Cantino, 1502.

No entanto, tal delimitação está ausente no mapa de Juan de la Cosa, o que indica o conhecimento incompleto dos espanhóis sobre as terras orientais. E não é de admirar. O Tratado de Tordesilhas dividiu as esferas de influência das potências marítimas aquando da descoberta de novas terras. Como resultado, a Espanha tinha uma ideia fraca dos limites orientais e Portugal, por sua vez, dos ocidentais.

Como determinámos, a expansão do conhecimento sobre o Mundo pode ser claramente traçada em vários exemplos, começando pelo mapa de Eratóstenes e terminando, por exemplo, com o mapa de Paolo Toscanelli ou Martin Behaim.

Note-se que, de acordo com a antiga geografia de Eratóstenes, o rio Ganges desagua no oceano diretamente a leste. Nas obras de Ptolomeu, encontramos uma semelhança mais fiel à realidade (no que respeita aos limites orientais). É necessário prestar atenção ao facto de que já durante a terceira e quarta das suas viagens (1502-1504), Cristóvão Colombo, sob juramento, exigiu aos membros da sua tripulação o reconhecimento do facto de que as terras descobertas não eram outra coisa senão a Índia. Por um lado, parece tratar-se de um logro malicioso da corte espanhola, com o objetivo de desviar os fundos para as novas expedições. E, provavelmente, esta "falsificação" terá desempenhado um papel importante no derrube dos méritos de Colombo. O grande navegador tornou-se indesejável para a Corte, e a sua sorte acabou por se esgotar. O combustível para a fogueira foi também acrescentado pelos portugueses, quando Vasco da Gama fez a sua viagem à verdadeira Índia, navegando à volta de África. Este facto não agradou à Corte espanhola e Cristóvão Colombo, envelhecido, esgotado pelas doenças e desgastado pelo destino, caiu no esquecimento, sendo privado dos seus privilégios e esquecido por todos.

Ao falar sobre a descoberta e a cartografia do Novo Mundo, é impossível ignorar a pessoa cujo nome serviu de protótipo para a designação moderna destas terras. Trata-se de Américo Vespúcio.

Em 1499-1500, Américo Vespúcio foi navegador na expedição de Alonso de Ojeda (nos três navios), comandando dois navios, equipados a expensas próprias. No verão de 1499, a sua flotilha aproximou-se da costa norte da América do Sul, na latitude 5° ~ 6° N, onde se dividiu. Em 2 de julho, Vespúcio deslocou-se para sudeste, onde descobriu o delta do Amazonas e o seu braço estuarino, o Pará. Depois, entrando nele, navegou 100 km para cima em barcos. Depois disso, continuou a navegar para sudeste até à Baía de São Marcos (44° W), revelou cerca de 1200 km da costa norte da América do Sul e descobriu a Corrente da Guiana. Em agosto, Vespúcio voltou atrás e alcançou Alonso de Ojeda perto dos 66° de longitude oeste. Navegando para oeste, descobriram mais de 1600 km da costa sul do continente com as penínsulas de Paraguana e Guajira, os golfos de Triste e Venezuela, a lagoa de Maracaibo e várias ilhas, incluindo a ilha de Curasao. No outono, Vespúcio deixou novamente Ojeda e, depois de ter percorrido a costa da América do Sul ao longo de 300 km para sudoeste, regressou a Espanha em junho de 1500.

Em 1501-1502 Américo Vespúcio esteve ao serviço dos portugueses como astrónomo, navegador e historiógrafo da 1ª expedição portuguesa de Gongalo Coelho em 3 navios. Em meados de agosto de 1501, aproximaram-se da costa atlântica da América do Sul a 5° 30' de latitude sul e atravessaram-na até 16°, repetindo assim as descobertas do espanhol Bortolome Roldan (1500). Em 1 de janeiro de 1502, a expedição descobriu a Baía de Guanabara, navegou 2000 km para sudoeste (até 25° de latitude sul) ao longo da costa e, certificando-se de que a terra continuava a estender-se na mesma direção, regressou.

Em 1503-1504, durante a segunda expedição de Gongalo Coelho em seis navios, Américo Vespúcio comandou a caravela. As caravelas de Vespúcio e Coelho chegaram à Baía de Todos os Santos, descoberta perto dos 13° de latitude sul durante a sua viagem anterior. A equipa de Vespúcio, desembarcada por sua ordem, subiu a escarpa do planalto brasileiro e penetrou 250 km no país. No porto, situado a 23° de latitude sul, os portugueses construíram um forte durante a sua estadia de 5 meses. Aqui deixaram várias dezenas de tripulantes e, depois de carregarem os navios com sândalo, regressaram a Lisboa no final de junho de 1504.

Como resultado das viagens ao longo das costas norte e leste da terra recém descoberta, Américo Vespúcio acabou por ter uma ideia correta de que se tratava de um continente transatlântico meridional e, na carta à sua pátria, escrita em 1503, sugeriu que o continente fosse designado por Novo Mundo. Em 1507, o cartógrafo da

Lorena Martin

Waldseemtiller atribuiu a descoberta da "quarta parte do mundo" feita por Cristóvão
Colombo a Américo Vespúcio e chamou a este continente - América em honra de
Américo.

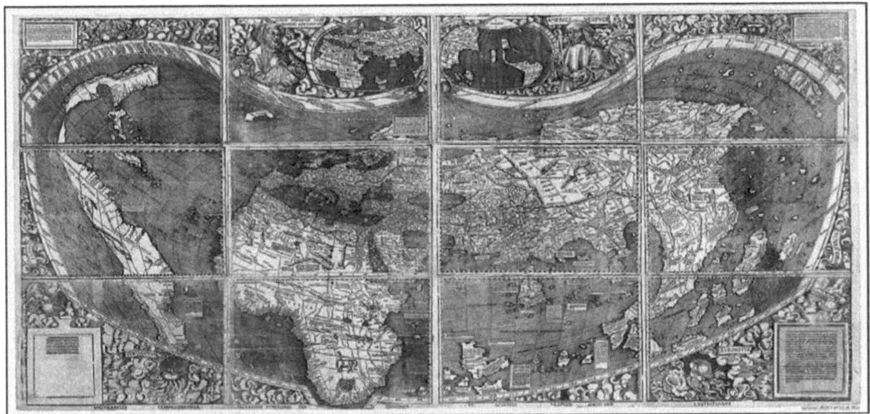

Fig.39. Mapa do Mundo de Martin Waldseemiiller.

Assim, na viragem dos séculos XV e XVI, os pioneiros da Era dos Grandes
Descobrimentos Geográficos não sentiram quaisquer dificuldades especiais em
determinar a localização no oceano. Os erros escondiam-se apenas na qualidade do
instrumento de medição, enquanto o conhecimento astronómico e a abordagem
matemática sofreram uma mudança qualitativa com a constatação de que a Terra é
redonda e que ninguém cairá ao atingir a sua borda.

CAPÍTULO 3

CONCLUSÃO

"O sangue ferve dentro de mim de cada vez que me lembro do engano implacável em que fomos enganados por este mapa errado."

Sven Larsson Waxell (assistente de Vitus Bering)

Tal é a natureza humana - submeter tudo à análise, à crítica e à censura rígida, enquanto se segue o caminho da cognição. E, estando ao serviço das verdadeiras ideias da humanidade, que a ciência é chamada a fazer, importa não transformar a crítica em perseguição, e a censura num cão de fila, que conduz e vigia qualquer "desagradável", capaz de abalar uma firmeza inabalável - uma firmeza sobre a qual dormem tranquilamente os interesses mercantis de alguém.

Bibliografia

1. JlyKainoBa E. H., lOxcnaa AMepHKa: M.: TocyaapcTBeHHoe yaeSHO-neaarornaecKoe nsaaTeabCTBO. 1958 г. - 468 c.

2. OnepKH no reojiornn KEKHOH AwepnKn: C6. cт., nep. c anrji., M.: Haa-Bo HHOCTpannon jnrrepaTypti. - 1959 г.

3. MarnaoBna H. II., Hcropnfl OTKPMTHH H nccaeaoBaHns LJenTpajibnoii n KhKnoii AMepuKn. M.: Mbicjib, - 1965 r. 456 c.

4. IIInrapeB a.C. CyaocipoeHne apeBHnx apaSoB. flay. // flBuraTejib. - 2007. -4   (52). - c. 52-55.

5. TajienKO B.H. Kypc - CeBep..: MypMancKoe KtuoKHoe naaaTeabCTBO. - 1978 r.

6. Hondius, Jodocus. Wyd.; Mercator, Gerard. "Atlas Minor Gerardi Mercatoris", 1610.

7. Bepn DK. HcTopna Beamcnx nyreinecTBHn: B Tpex Knnrax. Knura nepBas: OncpbiTne 3eMJin. /Ilep. c 4>p. E. Epananca . M.: TEPPA,. - 576 c.- 1993.

8. Piri Reis. Kitab-i Bahryye. 1523.

9 BoenHO-MopcKon cnoBapb. / TJl. pea. B. H. HepnaBnn. - M.: BoennaaaT, - 1990. - 511 c.

10. Gordon Frickers. Baghlah - o tradicional dhow de alto mar. HHTepner-pecypc. http://www.fnckers.co.uk/marine-art/baghlah deep see dhow.html

11. MYERS, N. Status of the leopard and cheetah in Africa. // Actas de um Simpósio Internacional sobre os gatos do mundo. 1974.

12. AKHMyniKHH.H., Mnp JKHBOTHBIX. B 6 KHnrax. /Knura 6. PaccKa3bi o aoManiHnx TKHBOTHBIX.-M.:

Moaoaaa rBapans. - 1981. - 238 c.

13. Mnijjbi napoflOB Mupa. OnunKnoneans: в 2-х т., *I* ra. pea. ToKapeB C.A. - M.: CoBercKaa
3HpHKnoneana. -1991. т. 1 - 671 c., т. 2. - 719 c.

14. KaSpaa, II. A. Wikipédia: https://ru.wikipedia.org/wiki/Ka6paa,neapy AiiBapmn

15. EoromoSoB H.II. Hcropna KopaSna. M.: THnorpa^ns JI.O. Cnernpesa, - 1879 r. - 367 c.

16. KaMHn Uкн. Wikipédia: https://sr.wikipedia.org/wiki/KKa KaMeibe

17. EpMOJiaeB T. T., 3axapoB B. K. MopcKaa JIOIJHJI. M.: Tpancnopr, - 1969 r. - 368 c.

18. XaaanoB A.M. Hen3BecTHoe o BacKO aa TaMe. // Bonpocbi MCTopnn. - 2000r. - JVb 8 - c. 110-119.

19. MYERS, N. The cheetah Acinonyxjubatus in Africa (A chita Acinonyxjubatus em África). União Internacional
para a Conservação da Natureza
Monografia. 1975r.

20. O Lubok. Quadros Folclóricos Russos 17th a 19th Century./ Aurora Art Publishers, Leningrado, 1984r.

21. Kaynak: Yusuf Akgura, Piri Reis Haritasi Hakkmda Izahname, TTK Yayinlari, Ankara 1999.
Hazirlayan: Dr. Emine Sonnur Ozcan.

22. Marco Polo, Le Livre des merveilles / Biblioteca Nacional de França, Departamento de
Manuscritos, Fran^ais 2810.

I want morebooks!

Buy your books fast and straightforward online - at one of world's fastest growing online book stores! Environmentally sound due to Print-on-Demand technologies.

Buy your books online at
www.morebooks.shop

Compre os seus livros mais rápido e diretamente na internet, em uma das livrarias on-line com o maior crescimento no mundo! Produção que protege o meio ambiente através das tecnologias de impressão sob demanda.

Compre os seus livros on-line em
www.morebooks.shop